ADAC

Dominikanische Republik

von Wolfgang Rössig

10 ADAC Top Tipps

Das müssen Sie gesehen haben! Die zehn Top Tipps bringen Sie zu den absoluten Highlights.

25 ADAC Empfehlungen

Unterwegs gut beraten: Diese 25 ausgesuchten Empfehlungen machen Ihren Urlaub perfekt.

Preise für ein DZ mit Frühstück:
€ | bis 3000 RD-$ (51,50 €)
€€ | bis 6000 RD-$ (110 €)
€€€ | ab 6000 RD-$ (110 €)

Preise für ein Hauptgericht:
€ | bis 600 RD-$ (10 €)
€€ | bis 1500 RD-$ (25 €)
€€€ | ab 1500 RD-$ (25 €)

Intro

ADAC Quickfinder

Hier finden Sie die Orte, Sehenswürdigkeiten und Attraktionen, die perfekt zu Ihnen passen.

Unterwegs

Zu diesen Orten und Sehenswürdigkeiten finden Sie Detailkarten im Innenteil des Reiseführers.

Service

Alle wichtigen reisepraktischen Informationen – von der Anreise über Notrufnummern bis hin zu den Zollbestimmungen.

Umschlag:

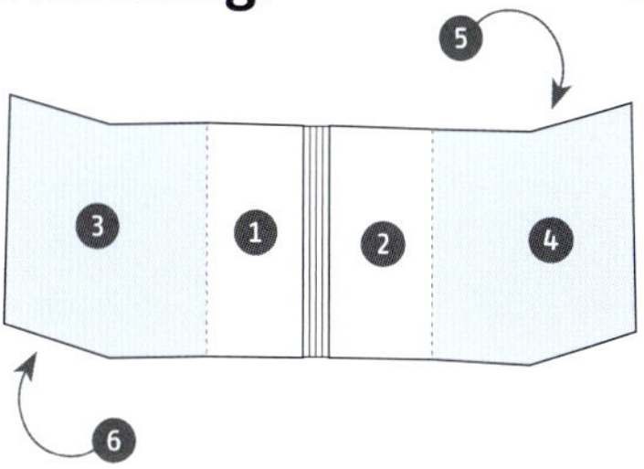

ADAC Top Tipps: Vordere Umschlagklappe, innen 1
ADAC Empfehlungen: Hintere Umschlagklappe, innen 2

Übersichtskarte Der Westen: Vordere Umschlagklappe, innen 3
Übersichtskarte Der Osten: Hintere Umschlagklappe, innen 4
Stadtplan Santo Domingo: Hintere Umschlagklappe, außen 5
Ein Tag in Santo Domingo: Vordere Umschlagklappe, außen 6

»Quisqueya« – das »wunderbare Land«

Traumstrände und tolerante Lebenseinstellung sind ebenso typisch dominikanisch wie Merengue und Larimar

Der Parque Central im Herzen von Puerto Plata lädt zum Flanieren ein

Wer träumt an kalten grauen Wintertagen nicht von einer Karibikinsel mit schneeweißen Sandstränden, im sanften Passatwind schwankenden Palmen und einer kristallklaren azurblauen See, von tropischer Idylle mit Korallenriffen, Wasserfällen und Regenwäldern.

Von jeder Straßenecke und aus jedem Minibus schallen die Rhythmen von Merengue, Bachata und Salsa, die Batida schmeckt nach exotischen Früchten, und am Abend sorgen die Sonnenuntergänge für eine atemberaubende Farbexplosion. Eine Viertelstunde, nachdem die Sonne ins Meer eingetaucht ist, strahlt der Himmel orange bis flammenrot, um dann in zartes Violett und Indigo überzugehen. Bunter ist nur noch die faszinierende Welt unter Wasser. Das muss es sein, das tropische Paradies.

Alte und neue Entdecker

»Keiner kann es glauben, der es nicht mit eigenen Augen gesehen hat.« Schön, wenn Kolumbus höchstpersönlich den Werbetexter gibt und seinen Eindruck mit diesen Worten wiedergibt. Der große Navigator schrieb diese Zeilen im Dezember 1492 nieder, als er eine Insel betrat, die er zunächst für

Japan hielt. Er hatte einfach den falschen Reiseführer dabei. Denn die indigenen Tainos wussten natürlich besser, wo er tatsächlich gelandet war: »Quisqueya« nannten sie ihre Heimat, das »wunderbare Land«.

Fast möchte man misstrauisch werden ob der vielen Klischees. Doch sie sind wahr und nirgendwo sonst in der Karibik erschwinglicher als hier. Grund dafür sind auch die Charterflieger aus Deutschland, die die Dominikanische Republik ein halbes Jahrtausend nach Kolumbus eroberten. Anders als viele fernöstlichen Urlaubsziele wurde die Dominikanische Republik nicht in erster Linie von Individualreisenden »entdeckt«, sondern von den großen Reiseveranstaltern, aber immerhin spät genug, sodass viele Bausünden der Siebzigerjahre vermieden werden konnten. Wer hier ein Hotel errichten möchte, muss sich das Fällen jedes Baumes einzeln genehmigen lassen und darf nicht über Palmenhöhe hinaus bauen.

Naturerlebnis: der Salto El Limón mitten im Regenwald (unten) – Kulturerlebnis: buntes Karnevalstreiben auf dem Malecón in Santo Domingo (ganz unten)

Idyllisch: die »Fischerhauszeile« mit vielen Lokalen in Las Terrenas (oben) – exotisch: Marktstand mit frischem Obst (Mitte) – eindrucksvoll: das Ballett der Buckelwale in der Bucht von Samaná (unten)

Platz für Individualtouristen

Das gilt auch für die riesigen Ferienkomplexe an der Ostspitze der Insel Hispaniola, der Hochburg des All-inclusive-Tourismus. Über drei Millionen Urlauber landen jährlich auf dem charmanten Flughafen von Punta Cana, doch Menschenmassen an den herrlichen Stränden sind selbst hier nicht zu befürchten. Es gibt viel Platz, und nur wenige Kilometer nördlich der Ferienanlagen warten fast menschenleere Küstenlandschaften. Das gilt auch für die Nordküste. Zwischen der Surferhochburg Cabarete, in deren Bucht die beständige Brise des Nordostpassats gewaltige Wellen auftürmt, und Las Terrenas auf der Halbinsel Samaná, das die Individualtouristen hartnäckig als ihr Refugium verteidigen, erstrecken sich bis heute endlose menschenleere Palmenstrände, an denen höchstens am Wochenende ein paar Einheimische aus kleinen Fischerdörfern baden.

Gastfreundschaft pur

Eigentlich lügen die Reiseprospekte doch, denn die Dominikanische Republik ist vielleicht das am meisten unterschätzte Ziel für Individualtouristen. Die nutzen einfach die günstigen Flüge nach Punta Cana und machen sich dann selbstständig, per Mietwagen oder Guagua. »Guagua« – so heißt die rollende Minibus-Disco, die noch das kleinste Dorf anfährt und vor allem dafür sorgt, dass Urlauber binnen Minuten Freundschaften mit den Einheimischen schließen. Schon in den großen Resorts fallen die Dominikaner durch ihre Freundlichkeit und Engelsgeduld auf. Selbst das unsinnigste Ansinnen quittieren sie mit einem strahlenden »No hay problema, amigo«, also: »Kein Problem, mein Freund«.

Klar, ein wenig möchte man an den »steinreichen« Besuchern schon verdienen, ob als Fremdenführer, Schuhputzer oder Zöpfchenflechterin. Doch die schönsten Dinge sind fast immer umsonst: das nette Gespräch, das ansteckende Lächeln oder das hilfsbereite »A sus ordenes?« (»Womit kann ich Ihnen dienen?«). Kein neugieriger Tourist, der nicht in kürzester Zeit eingeladen wird – ob zum Gläschen Rum im »Colmado« genannten Gemischtwarenladen, zur Partie Domino auf der Straße oder zum Tänzchen Merengue. Keine Sorge, dieser Rhythmus ist in fünf Minuten erlernt, und ohne ihre Musik ist die Dominikanische Republik gar nicht zu begreifen.

Vielfalt der Landschaften

Um ihre tolerante Lebensphilosophie sind die Dominikaner wirklich zu beneiden. »Vive tu vida, no la mía« heißt die Devise: »Lebe dein Leben, nicht meines.« Den Touristen sieht man vieles, fast alles nach und freut sich dafür umso mehr, wenn der Fremde aus dem »kalten« Deutschland sich wirklich für das Land interessiert. Und das tun immer mehr. Die kleinen, feinen Hotels

Im fruchtbaren Cibao wachsen die Tabakpflanzen für die feinsten Zigarren des Landes

müssen ihre Klientel nicht mit Dumpingpreisen locken, und es gibt immer mehr naturnahe Unterkünfte, in denen man auf Nachhaltigkeit achtet.

> *»Dies ist das schönste Land unter dem Himmelszelt.«*
>
> *Christoph Kolumbus*

Tatsächlich hat die Dominikanische Republik so viel mehr zu bieten als Bilderbuchstrände und eine farbenfrohe Korallenwelt. Nur wenige Kilometer landeinwärts rauschen mächtige Wasserfälle in fast unberührten Regenwäldern, badet man in kristallklaren, erfrischenden Karstdolinen. Gerade mal eine halbe Tagesreise trennt die kühlen Nebelwälder des Pico Duarte (3098 m) von der flimmernd-heißen Kakteenlandschaft der Enriquillo-Senke. Und nur zwei Stunden dauert die Autofahrt von der bizarren Karstregion Los Haïtises zu den oberbayerisch wirkenden, mit pastellfarbenen Holzhäuschen gesprenkelten Wiesen und Weiden. Im Mangrovenlabyrinth bei Punta Rucía tummeln sich Seekühe. Und in der Bucht von Samaná führen 40 t schwere Buckelwale in den Wintermonaten ihr »Meeresballett« auf: Meterhoch schießen sie aus dem Wasser, um gischtsprühend wieder abzutauchen. Im Kanal zwischen dem Festland und der Isla Saona wiederum lassen sich häufig majestätische Riffhaie blicken.

Pulsierende Hauptstadt

Schließlich Santo Domingo, die Hauptstadt der Dominikanischen Republik gilt als »Wiege Amerikas«. Sie verdient

Der Strand an der Bahía Las Calderas fasziniert mit bis zu 35 m hohen Dünen

weit mehr als einen Tagesausflug, bei dem es die meisten Strandurlauber belassen. Die Calle de las Damas hat sich seit der Zeit der Konquistadoren kaum verändert, und wo sonst in der Neuen Welt gäbe es eine echte gotische Kathedrale zu bestaunen? Aber auch die beste Küche des Landes und natürlich das heißeste Nachtleben findet man hier, von den spannenden Museen und Galerien der Stadt ganz zu schweigen. Das rund eine Stunde von Santo Domingo entfernte Dorf Altos de Chavón, das seine Existenz dem Spleen eines Milliardärs verdankt, ist heute Heimat vieler Künstler und Galeristen. Ihre Werke sind Ausdruck der kreolischen Kultur, in der europäische, afrikanische und indigene Einflüsse verschmelzen. Genau das macht dieses Land so faszinierend.

Hauptstadt *Santo Domingo*

Sprache *Spanisch*

Währung *Dominikanischer Peso*

Staatsform *Präsidiale Republik*

Fläche *48 670 km² (etwas größer als die Niederlande)*

Einwohner *10,5 Mio.*

Religion *28 % der Dominikaner fühlen sich keiner Konfession zugehörig. Rund 48 % sind Katholiken, 22 % sind Protestanten.*

Tourismus *Pro Jahr zählt die Dominikanische Republik etwa 6 Mio. Besucher aus dem Ausland, 210 000 davon waren Deutsche.*

Zeitzone *MEZ -5 Std.*

Wichtige Vokabel *»Ahorita«: Die Verkleinerungsform von »jetzt« steht für das flexible Zeitverständnis der Dominikaner.*

Beliebte Lebensweisheit *»Lebe dein Leben, nicht meines« ist Ausdruck einer toleranten Lebenseinstellung.*

Das gibt es nur in der Dominikanischen Republik *Larimar, ein himmelblauer Halbedelstein, der nur in der Sierra de Bahoruco im Südwesten des Landes vorkommt.*

Exportschlager *Baseballspieler, die in der amerikanischen Premier League Karriere machen*

Das will ich erleben

Eine Hauptstadt mit den ältesten Steingebäuden Amerikas, charmante Dörfer mit kunterbunt angestrichenen Häuschen, tropische Postkartenstrände, rauschende Wasserfälle, heiße Salzlagunen und kühle Hochgebirgslandschaften: So vielfältig kann ein karibisches Land sein! Den Urlaub perfekt machen aber erst die Einheimischen mit ihrer ansteckenden Freundlichkeit, ihren heißen Rhythmen und ihren faszinierenden Festtraditionen. Und mit einem farbenfrohen haitianischen Gemälde, einer Kette aus Bernstein oder einem Anhänger aus himmelblauem Larimar nimmt man wunderschöne Souvenirs mit nach Hause.

Über 500 Jahre Architekturgeschichte

Vor über einem halben Jahrtausend begann die Kolonialgeschichte Hispaniolas. Ihre ersten steinernen Zeugnisse findet man in der Altstadt von Santo Domingo. Die spanischen Konquistadoren bauten hier so, wie sie es aus der heimischen Extremadura kannten. Heute ist alles mustergültig restauriert und abends effektvoll illuminiert: Die Zeitreise kann beginnen!

1 **Basílica Menor, Santo Domingo** 22
Die einzige gotische Kathedrale Amerikas

1 **Alcázar de Colón, Santo Domingo** 27
Pompöse Residenz des ersten Vizekönigs der Neuen Welt

28 **Fortaleza San Felipe, Puerto Plata** 83
Hier nahm einst jeder Pirat lieber Reißaus

Begegnungen mit faszinierenden Tieren

Schon im Hotelgarten naschen winzige Kolibris an Blüten. In der Bucht von Samaná führen die Buckelwale ihr »Wasserballett« auf, in Salzwasserlagunen fühlen sich Krokodile, Leguane und Flamingos wohl. Und Taucher und Schnorchler finden hier erstklassige Tauchreviere.

21 **Whale Samana** 69
Liebesspiel der Buckelwale alljährlich im Winter

10 **Isla Saona** 53
Die gesamte Farbenpracht der Karibik unter Wasser

31 **Punta Rucía** 86
Eines der besten Schnorchelreviere des Landes

49 **Parque Nacional Lago Enriquillo** 114
Salzwassersee mit Spitzkrokodilen und Nashornleguanen

Spaß für die ganze Familie

Die Dominikanische Republik ist wie gemacht für einen entspannten Familienurlaub. Kinder planschen gefahrlos im kristallklaren Wasser am Strand oder genießen die Poollandschaften der Resorts. Für Nervenkitzel sorgen topmoderne 4D-Kinos, Spaßbäder und Abenteuerparks.

Die schönsten Souvenirs

In den Markthallen findet man originelle Souvenirs – von Mamajuana-Essenzen für Lebens- und Liebeskraft bis zum Vodú-Zettel für jede Lebenslage. Schmuck aus Larimar und Bernstein kauft man lieber in einem Geschäft. Spezialisierte Galerien führen Gemälde haitianischer Meister.

Kulinarische Höhenflüge

Von wegen Reis und Bohnen! Schon die einfachsten Gerichte der »Comedores« genannten Esslokale – vom Zicklein-Eintopf über Bacalao-Ragout bis zur Sancocho-Suppe – sind vielfältig und dabei so preiswert. Es gibt auch Restaurants, in denen die kreolische Küche ihr gesamtes Potenzial entfaltet.

Mit Einheimischen tanzen

Eine Kirche hat längst nicht jedes Dorf, einen Tanzboden aber garantiert. Am Wochenende trifft sich hier Jung und Alt. In den Städten verwandeln sich Autowaschanlagen in regelrechte Nachtclubs, und die nächste Merengue- und Salsaparty ist nie weit.

Die Schätze der Museen

Keramik der indigenen Tainos, aus gesunkenen spanischen Galeonen geborgene Schätze oder Bilder zeitgenössischer lokaler Künstler: In den kühlen Museen kann man der Mittagshitze ein kulturelles Schnäppchen schlagen.

Rauschende Wasserfälle

Oft nur eine kurze Wanderung entfernt rauschen in den üppigen Regenwäldern der Nordküste mächtige Wasserfälle und sorgen für herrliche Erfrischung in kristallklarem Wasser. Auch die Einheimischen tummeln sich hier gerne.

Strände zum Träumen

Die palmengesäumten Sandstrände der Dominikanischen Republik sehen wirklich so aus wie in den Ferienprospekten. Hunderte gibt es von ihnen, und manchmal muss man nur einige Kilometer fahren, um ein menschenleeres Strandparadies zu genießen.

Einzigartige Feste

Die Feste sind Zeugnis des einzigartigen Synkretismus der Bevölkerung, die aus europäischen, afrikanischen und indigenen Elementen ihre eigenen Feiern schuf. Von »Teufeln« hält man besser respektvollen Abstand.

Faszinierende Autofahrten

Auf manchen Strecken geht es stundenlang direkt am Meer entlang, auf anderen kämpft man sich im Landesinneren mit dem Geländewagen über Schlaglochpisten und passiert völlig unkaribisch anmutende wilde, kühle Gebirgslandschaften.

Unterwegs

Die Dominikanische Republik erfüllt alle Klischees einer tropischen Karibikinsel. Doch nicht nur die Traumstrände – auch kühle Bergwälder, erfrischende Wasserfälle, Felszeichnungen der indigenen Tainos, bunte viktorianische Holzhäuser, heiße Rhythmen und ausgelassene Feste ziehen Besucher in ihren Bann.

Santo Domingo – die Hauptstadt des Landes

Hier verschmilzt Altes mit Neuem: imposante Kolonialarchitektur, Kunst und Kultur, Shopping bis zum Abwinken und ansteckende Rhythmen

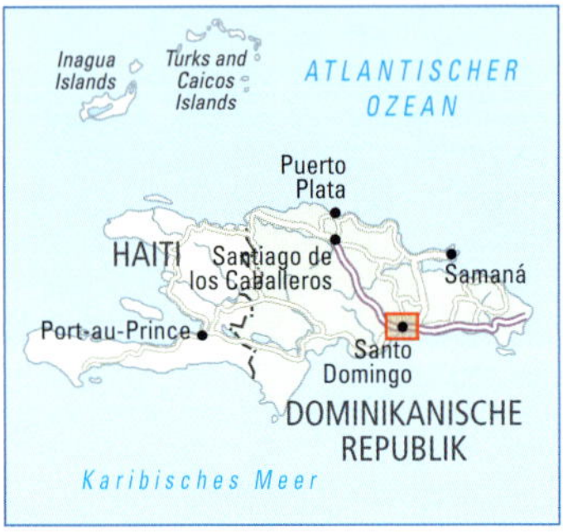

Willkommen in Santo Domingo, der größten Stadt der karibischen Inselwelt! In der charmant restaurierten Altstadt stehen die ältesten steinernen Kolonialgebäude der Neuen Welt, in der modernen Stadt nördlich der Uferpromenade Malecón tobt das heißeste Nachtleben des Landes. Es lohnt sich, der Hauptstadt der Dominikanischen Republik mehr als nur eine Stippvisite abzustatten. Keine Sorge, in der stimmungsvoll beleuchteten Ciudad Colonial kann man auch nachts um drei gefahrlos herumspazieren. Wenigstens eine Nacht in einem der reizvollen Boutiquehotels sollte man sich daher schon gönnen.

Der Rundgang durch die Altstadt ist am Morgen und am späten Nachmittag am schönsten. Dann ist es nicht so heiß, und das warme Licht bringt die Steinfassaden zum Leuchten. Auch den oft sehr dramatisch ausfallenden Sonnenuntergang an der Uferpromenade Malecón sollte man nicht verpassen. Anschließend kann man fein essen gehen, sich dann ins turbulente Nachtleben stürzen und bis in den frühen Morgen Merengue und Salsa tanzen. Das Urlaubshotel am Strand läuft ja nicht weg.

In diesem Kapitel:

ADAC Top Tipps:

1 Ciudad Colonial
| Altstadt |

500 Jahre Geschichte prägen die Altstadt von Santo Domingo, ein Weltkulturerbe. So vieles gab es in Amerika zuerst hier: eine Kathedrale, Klöster, koloniale Steinpaläste und eine Universität. Das Nachtleben ist aber keineswegs von gestern. 19

ADAC Empfehlungen:

1 Basílica Menor de la Virgen de la Anunciación
| Kathedrale |

Die kunstvoll gemeißelte honigfarbene Schaufassade der einzigen gotischen Kathedrale der Neuen Welt erzählt bis heute vom Reich der spanischen Habsburger, in dem die Sonne nie unterging. 22

2 **Casas Reales**
| Museum |
Über 300 Jahre Kolonialgeschichte mit viel Kolumbus und Piraten – modern und spannend aufbereitet in einem ein halbes Jahrtausend alten Gebäude. 27

3 **Mesón D'Bari**
| Restaurant |
In diesem Restaurant in der Altstadt gibt es alle kulinarischen Highlights der dominikanischen Küche mit Kunst und Musikunterhaltung vom Feinsten – und mit viel Atmosphäre. 30

4 **L'Ile au Trésor**
| Schmuckgeschäft |
Wunderschöner Designerschmuck aus azurblauem Larimar und Bernstein mit 20 Millionen Jahre alten Insekteneinschlüssen sowie Reproduktionen alter spanischer Münzen. 32

5 **Vertygo 101**
| Nightclub |
Todschicker Nachtclub des JW Marriott mit Glasterrasse und transparentem Pool, in dem sich der Jetset aus aller Welt vergnügt, und sensationellem Panoramablick über die Stadt. 37

1 Santo Domingo

Die gesamte Altstadt der Hauptstadt ist ein Weltkulturerbe

Im Alcázar de Colón residierte Diego Colón, der erste Vizekönig der Neuen Welt

Wie einflussreich Santo Domingo de Guzmán einmal war, davon zeugt die Altstadt Ciudad Colonial noch heute. Die älteste und einzige gotische Kathedrale Amerikas besaß Autorität über alle Kirchen der Neuen Welt, in den Casas Reales sprach man Recht über alle spanischen Kolonien, und im Alcázar de Colón am Hochufer des Río Ozama, in dem von 1509 bis 1524 Kolumbussohn Diego Colón als Vizekönig residierte, schmiedeten Konquistadoren Eroberungspläne, bevor sie aufbrachen: Hernán Cortés nach Mexiko, Vasco Núñez de Balboa zum Pazifik, Juan Ponce de León nach Florida und Francisco Pizarro nach Peru.

Doch selbst die als besonders sicher geltende Altstadt ist heute nicht mehr museal. Das Weltkulturerbe punktet mit schicken Kolonialhotels, feinen Restaurants mit romantischen Innenhöfen und Terrassen sowie einem munteren Nachtleben in kleinen Clubs und Bars mit viel Merengue, Bachata und Salsa.

Ein Sonnenuntergang am Malecón, die Orchideen im Botanischen Garten, eine Reihe vorzüglicher Museen und schicke Tanztempel versöhnen mit dem Chaos der modernen Stadt. Auch die drei geheimnisvollen Seen der »Tres Ojos« jenseits des Río Ozama sind einen Besuch wert.

Plan
S. 20/21

Ciudad Colonial

1 *In der Altstadt spaziert man durch 500 Jahre Geschichte*

Information

- Punto de Información Turística, Ciudad Colonial, Isabela La Católica 103, esq. Parque Colón (im Palacio de Borgellá), Tel. 809/470 46 61, www.godominicanrepublic.com, Mo–Fr 9–18 Uhr
- Weitere Kioske (Casetas) in der Altstadt im Parque de la Independencia und an der Plaza España
- Cestur (Touristenpolizei) in der Altstadt, El Conde, esq. José Reyes, Tel. 809/222 20 26, www.cestur.gob.do

In der Altstadt mit ihren hübsch restaurierten Häusern und blumenverzierten Gassen reihen sich Museen, Antiquitäten- und Nobelläden sowie neu eröffnete Restaurants und Bars aneinander. Ein Rundgang oder eine geführte Tour gibt einen guten Einblick in die 500-jährige Geschichte.

Sehenswert

1 Parque Colón

| Platz |

Der nördliche Vorplatz der Kathedrale ist idealer Ausgangspunkt für Streifzüge durch das koloniale Altstadtviertel. In der Mitte steht das 1887 von dem Franzosen E. Gilbert errichtete Bronzestandbild Monumentó Cristóbal Colón. Es zeigt Kolumbus in Eroberepose. Zu seinen Füßen kauert die indigene Taino-Königin Anacaona. Sie soll die schönste und begabteste Frau der Insel gewesen sein, konnte jedoch den von Gouverneur Nicolás de Ovando befohlenen Massenmord an ihrem Volk 1503 nicht verhindern, der unter dem Namen »Furia de Jaragua« ein trauriges Kapitel in der Geschichte Hispaniolas ist.

Im Westen begrenzt die immer wieder umgebaute Casa Consistorial, das Rathaus, den Platz. Die Ostseite nimmt der Palacio de Borgellá mit italienisch anmutender Arkadenfront ein. Er wurde durch den gleichnamigen Gouverneur erbaut, der hier während der haitianischen Besetzung (1822–44) residierte. Heute sind hier städtische Komitees, die Touristeninformation und ein Postamt untergebracht.

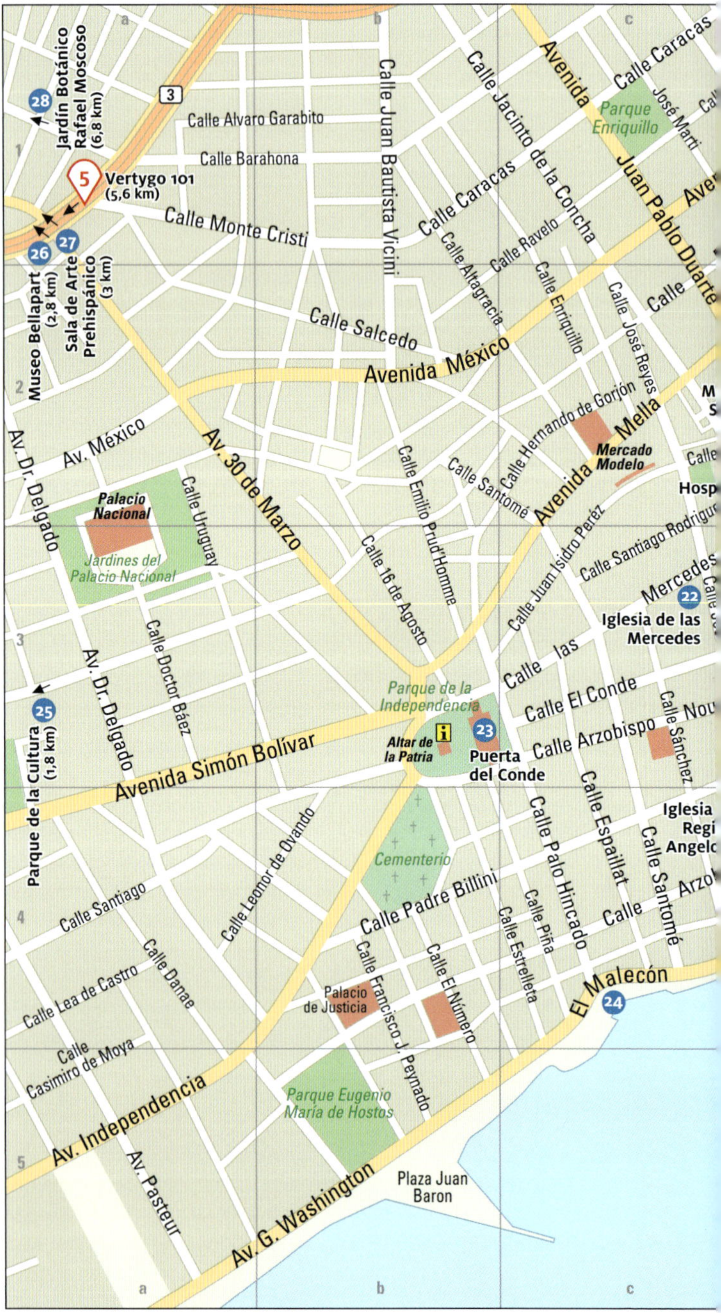

28 Jardín Botánico Rafael Moscoso (6,8 km)
3
Calle Alvaro Garabito
Calle Barahona
5 Vertygo 101 (5,6 km)
Calle Monte Cristi
26 Museo Bellapart (2,8 km)
27 Sala de Arte Prehispánico (3 km)
Calle Juan Bautista Vicini
Calle Jacinto de la Concha
Avenida Juan Pablo Duarte
Calle Caracas
Parque Enriquillo
José Martí
Calle Altagracia
Calle Ravelo
Calle Enriquillo
Calle José Reyes
Calle Salcedo
Avenida México
Av. México
Av. Dr. Delgado
Palacio Nacional
Jardines del Palacio Nacional
Calle Uruguay
Av. 30 de Marzo
Calle Emilio Prud'Homme
Calle Santomé
Calle Hernando de Gorjón
Avenida Mella
Mercado Modelo
Calle 16 de Agosto
Calle Juan Isidro Peréz
Calle las Mercedes
22 Iglesia de las Mercedes
Calle Doctor Báez
25 Parque de la Cultura (1,8 km)
Parque de la Independencia
Altar de la Patria
23 Puerta del Conde
Calle El Conde
Calle Arzobispo
Calle Sánchez
Avenida Simón Bolívar
Calle Leonor de Ovando
Cementerio
Calle Palo Hincado
Calle Espaillat
Calle Padre Billini
Calle Piña
Calle Estrelleta
Calle Santiago
Calle Danae
Calle Lea de Castro
Calle Casimiro de Moya
Palacio de Justicia
Calle Francisco J. Peynado
Calle El Número
El Malecón
24
Av. Independencia
Parque Eugenio María de Hostos
Av. Pasteur
Av. G. Washington
Plaza Juan Baron

Santo Domingo
Puente Ramón Matías Mella
México
Calle Dr. Betances
Calle Mr. Marles
Av. Malecón
Sta. Bárbara
Puente Flotante
Calle María Trinidad Sanchez
Calle G. Puello
Calle de la Atarazana
Calle Gen. Cabral
Parque Nacional Tres Ojos (3,6 km)
Av. España
Calle V. Celestino Duarte
Museo de las Reales Atarazanas
Museo del Ambar
Alcázar de Colón
Calle Restauración
Plaza de España
Casa del Cordón
Calle E. Tejera
Francisco
Casas Reales
Antigua Capilla de los Remedios
Casa de la Moneda
Calle Arz. Meriño
Molinos Modernos
Panteón Nacional
Hodelpa Nicolás de Ovando
San Nicolás de Bari
Av. Mirador del Este
Faro a Colón (950 m)
Calle Isabel La Católica
El Conde
Casa de Tostado
Calle Duarte
Calle Hostos
Calle 19 de Marzo
Parque Colón
Casa de Bastidas
Calle de las Damas
Basílica Menor de la Virgen de la Anunciación
Torre del Homenaje
Fortaleza Ozama
Casa de Tostado
Calle Padre Billini
Acuario Nacional (3,5 km)
Convento de los Dominicos
Av. F. Alberto Caamaño
Portes
Ciudad Colonial
Calle José Gabriel García
Av. G. Washington
Monumento a Fray Montesino
Río Ozama
Playa Montesinos
Playa Punta Torrecillas
0
200 m

Die Basílica Menor hatte einst die Autorität über alle Kirchen der Neuen Welt inne

2 Basílica Menor de la Virgen de la Anunciación | Kathedrale |

1 *Das Gotteshaus ist die einzige gotische Kathedrale der Neuen Welt*

Der Architekt Alonso Rodríguez überwachte den Bau einer ersten Steinkirche, deren Grundstein 1514 Diego Colón, ein Sohn von Christoph Kolumbus, legte. Doch da die Arbeiter bald ins lukrativere Mexiko zogen, musste 1521 der erste Bischof Hispaniolas Alejandro Geraldini die Architekten Luis de Moya und Rodrigo de Liendo mit Engelszungen zur Vollendung bis 1540 überreden. Aufgrund der Hurrikangefahr verzichtete man auf die Fertigstellung des Turms auf der Westseite. 1546 erhob Papst Paul III. das Gotteshaus zur »Catedral Primada de las Indias«, die Autorität über alle Kirchen der Neuen Welt besaß. 1586 kampierte der englische Pirat Francis Drake in der ersten Kapelle nördlich des Hauptaltars. In der Capilla San Pedro hielt er seine Gefangenen so lange fest, bis das geforderte Lösegeld eintraf.

Im Sonnenlicht des späten Nachmittags erstrahlt der Korallenstein der westlichen Schaufassade in honiggelben Ockerfarben. Die möglicherweise von Gil de Liendo geschaffene Prunkfassade ist im spanischen plateresken Stil gehalten, wobei sich Einflüsse der italienischen Frührenaissance bemerkbar machen. Das vom andalusischen Manierismus beeinflusste große Doppelportal zeigt zwei sich in der Mitte vereinigende Rundbögen mit allegorischen Friesen und wird von einer zentralen korinthischen Säule gestützt. Der habsburgische Doppeladler kündet vom Reich Karls V. Die originalgetreu erhaltenen Mahagonitüren werden nachts mit dem 500 Jahre alten Originalschlüssel abgesperrt.

Man betritt die Kathedrale – in schicklicher Kleidung – durch das Südportal an der Plazoleta de los Curas. Die dreischiffige, im Stil der isabellinischen Spätgotik gehaltene Hallenkirche (54 m lang, 23 m breit und 16 m hoch) zeigt doppelte Pfeilerreihen, die sich palmenartig zu einem achtjochigen Netzgewölbe ausfächern. Aus klimatischen Gründen beschränkte man sich auf kleine gotische Fenster; die modernen Glasmalereien schuf der Dominikaner José Rincón Mora.

Taíno-Künstler sollen in den Gründungsjahren den geschnitzten Bischofsstuhl aus Mahagoniholz im Chor geschaffen haben. 14 Seitenkapellen mit teils aufwendig gearbeiteten Altären füllen die Nischen zwischen den Strebepfeilern. Unmittelbar neben dem Nordeingang ist in der Capilla de los dos Leones der Marmorsarkophag von Bischof Alejandro Geraldini zu finden. Ein wertvolles Altarbild aus dem 16. Jh. bewahrt die Capilla de la Virgen Antigua. Kolumbus brachte den Altar, dessen vergoldete Holzschnitzereien in platereskem Stil gehalten sind, auf seiner zweiten »Indien«-Fahrt mit.

Durch das Hauptportal tritt man ins Freie auf den atriumartigen Vorplatz, um die Westfassade zu bewundern. Anschließend schreitet man die Kapellen der Südseite ab. Gewölbefresken aus dem 16. Jh. zieren die Capilla del Santísimo Sacramento. Blickfang in der Capilla Santa Ana ist das spätgotische Marmorgrabmal des Konquistadorensohns Rodrigo de Bastidas, Bischof von Puerto Rico, der die Fertigstellung der Kathedrale finanzierte.

■ Parque Colón, Mo–Sa 9–16.30 Uhr, 50 RD-$ (mit Audioguide 70 RD-$), Kinder gratis, Messe Mo–Sa 17, So (ein musikalischer Genuss) 12 und 17 Uhr

3 Casa de Tostado

| Museum |

Von der idyllischen Plazoleta de los Curas führt die autofreie, mit üppigen Bougainvilleen geschmückte »Priestergasse« Callejón de los Curas in das einstige Wohnviertel der Kanoniker. Hier steht dieses repräsentative Stadthaus – einst Erzbischofsresidenz – aus dem frühen 16. Jh. mit dem angeblich einzigen gotischen Zwillingsfenster der Neuen Welt, das einen wunderschönen Ausblick auf die Dächer der Altstadt bietet. Ein früherer Bewohner war der Hofschreiber Don Francisco Tostado de la Peña, der das erste Sonnet Amerikas verfasste. Heute präsentiert das Museo de la Familia Dominicana del Siglo XIX die Wohnkultur wohlhabender Bürger im ausgehenden 19. Jh.: Mahagonimöbel, Murano-Lüster, erlesene Damengemächer, eine komplette Küche und einen Innenhof mit Azulejo-Schmuck.

■ Padre Billini, esq. Arzobispo Meriño, Di–Fr 9–17, Sa, So 10–18 Uhr

Die Casa de Tostado beherbergt heute ein Museum zur Wohnkultur des 19. Jh.

4 Convento de los Dominicos
| Kloster |

Das 1510 gegründete und ab 1524 in Stein errichtete Dominikanerkloster wurde 1538 von Papst Paul III. unter dem Namen Thomas von Aquins zur ersten Hochschule der Neuen Welt erhoben. Hier hielt 1511 Fray Antonio de Montesino seine berühmte Brandrede gegen die barbarische Behandlung der indianischen Bevölkerung. Dieser Protest sollte den hier ebenfalls wirkenden Dominikanerpater und »Beschützer der Indios« Bartolomé de las Casas nachhaltig prägen.

Sehr schön ist die zweigeschossige Westfront im Stil der Frührenaissance mit Pilastergliederung, Balustrade und Fensterrosette. Andalusische Kacheln und barockes Rankenwerk aus Stuck sorgen für zusätzlichen Schmuck. Vom niedrigen Langhaus abgesehen, hat sich der spätgotische Charakter der auf dem Grundriss eines lateinischen Kreuzes errichteten Basilika mit Chorpolygon erhalten. Der prachtvolle Hochaltar soll ein Geschenk Karls V. gewesen sein. Bemerkenswert ist das zur 1650 angefügten Capilla del Rosario führende platereske Renaissanceportal auf der Südseite des Langhauses. In der Rosenkranzkapelle selbst ziert ein herrliches Fresko das Deckengewölbe, das christliche und antike Symbolik vereint.

Tritt man durch das Hauptportal wieder ins Freie, fällt der Blick direkt auf die Capilla de la Tercera Orden aus dem 18. Jh. In den benachbarten Mönchszellen und einem schönen großen Innenhof und Garten präsentiert das Kulturzentrum Quinta Dominicana temporäre Ausstellungen.

■ Padre Billini, esq. Hostos, www.conventodominico.org, Mo–Sa 9–12 Uhr

5 Iglesia de la Regina Angelorum
| Kirche |

Das etwas weiter stadtauswärts gelegene Gotteshaus wurde 1537 als Teil des noch heute bestehenden Domini-

In dem Dominikanerkloster hielt Fray Antonio de Montesino seine berühmte Brandrede

kanerinnenklosters erbaut und später barock umgestaltet. Hier lebten Mitte des 16. Jh. die beiden Ordensschwestern Leonora de Ovando und Elvira de Mendoza, die ersten Dichterinnen der Neuen Welt.

■ Padre Billini, esq. José Reyes, morgens Zutritt mit Erlaubnis der Nonnen möglich

6 Monumento a Fray Montesino

| Denkmal |

Richtung Hafen und Fluss erhebt sich jenseits der kanonenbewehrten Mauerreste des Fuerte de San José seit 1982 am Meer das knapp 30 m hohe Denkmal für den streitbaren Dominikanermönch Antonio de Montesino, der 1511 vor Diego Colón das Unrecht gegenüber den Indios in seiner provokativen Predigt anprangerte.

■ Malecón, esq. Las Damas

7 Calle de las Damas

| Straßenzug |

Auf der ältesten von den Spaniern gepflasterten Straße der Neuen Welt flanierten ab 1509 am Abend die Hofdamen von Maria de Toledo, der Frau des ersten Vizekönigs Diego Colón. Hier reihen sich viele historische Sehenswürdigkeiten Santo Domingos aneinander.

8 Fortaleza Ozama

| Festung |

Oberhalb der Flussmündung des Rio Ozama steht die älteste, heute leere Hafenfestung der Stadt. Im gepflegten, aber schattenlosen Innenhof, den man durch ein neoklassizistisches, von Gardesoldaten bewachtes Eingangstor von 1787 betritt, finden oft Konzerte statt. Hier erhebt sich auch die markante steinerne Torre de Homenaje.

Die trutzige Fortaleza de Ozama schützte den Hafen von Santo Domingo

Gouverneur Nicolás de Ovando ließ bis 1507 diesen 18,5 m hohen Huldigungsturm errichten, von dem aus die in den Hafen einlaufenden Schiffe mit Salutschüssen begrüßt wurden. Von der obersten Plattform schweift der Blick über die Altstadt, den Kreuzfahrthafen, die monströse Getreidemühle Trujillos und den Faro a Colón auf der Ostseite der Stadt (S. 38). Die Verliese, in denen Tainos, Ketzer und politische Dissidenten schmachteten, wurden noch unter Diktator Trujillo genutzt. In der Beletage des Turms wohnte bis 1557 der Kommandant Gonzalo Fernández de Oviedo y Valdés. Mit der die Kolonisation verherrlichenden Historia general y natural de Las Indias (1535) verfasste er eine der frühesten Geschichtschroniken der Neuen Welt.

■ Las Damas, Di–Sa 9–17, So bis 16 Uhr

Plan S. 20/21

Der Panteón Nacional ist heute eine Gedenkstätte zu Ehren wichtiger Persönlichkeiten

9 Casa de Bastidas

| Museum |

Unmittelbar nördlich der Festung steht das um 1510 erbaute Herrenhaus des Konquistadoren Rodrigo de Bastidas, der schon 1493 mit Kolumbus auf der Insel gelandet war. Sehr stimmungsvoll ist der von Arkaden gesäumte Innenhof mit uralten Bäumen. In den Räumen bringt heute das Museo del Niño Trampolin Kindern auf spielerische Weise Naturwissenschaft nahe. Schräg gegenüber steht die Casa de Francia, in der einst Hernán Cortés residierte, der spätere Eroberer von Mexiko. Hausherrin ist heute die Französische Botschaft (nur Foyer zugänglich).

■ Las Damas 3, www.trampolin.org.do, Di–Fr 9–18, Sa, So 10–19 Uhr, 100 RD-$, Kinder 60 RD-$

10 Hodelpa Nicolás de Ovando

| Kolonialpalast |

Nördlich der Casa de Bastidas schließt sich die ehemalige Residenz des ersten Gouverneurs der Insel Hispaniola an. Der ab 1504 errichtete Komplex wurde zu einem luxuriösen Kolonialhotel umgewandelt. Wer das Ambiente als Nichtgast genießen möchte, steuert die Bar im Foyer an.

■ Las Damas 53, Tel. 809/685 99 55, www.hodelpa.com/nicolas-de-ovando

11 Panteón Nacional

| Ehrenstätte |

Diktator Trujillo widmete 1955 die 1714–45 errichtete, heute säkularisierte Jesuitenkirche San Ignatio de Loyola zum Nationalen Pantheon um. Fast rund um die Uhr halten hier Soldaten in Paradeuniform Ehrenwache. Zahlreiche politische und militärische Granden der dominikanischen Geschichte fanden hier ihre letzte Ruhestätte. Der gewaltige schmiedeeiserne Leuchter in der Vierungskuppel war ein Geschenk des spanischen Diktators Francisco Franco zur Einweihung des Pantheons. Auf der benachbarten hübschen Plaza

María de Toledo findet jeden Sonntag ein Flohmarkt statt.

■ Las Damas, zwischen El Conde und Las Mercedes, tgl. 9–17 Uhr, Wachablösung 12 Uhr

12 Antigua Capilla de los Remedios

| Kapelle |

Die kleine spätgotische Privatkapelle wurde von der reichen Familie Dávila erbaut (1541) und wird heute für Vorträge und Ausstellungen genutzt. Gleich daneben zeigt seit 1753 die erste öffentliche Uhr der Stadt, die Reloj de Sol, die Sonnenstunden an.

■ Las Damas, esq. Las Mercedes, Mo–Fr 9–13 Uhr

13 Casas Reales

| Museum |

2 *Hier befindet sich eine erlesene kolonialgeschichtliche Sammlung*

Den nördlichen Abschluss der Calle de las Damas markiert die nüchterne strenge Fassade der Casas Reales. Der imposante, zwischen 1509 und 1528 erbaute Gebäudekomplex diente als Gouverneursresidenz, Oberster Gerichtshof und königliches Schatzamt. Heute präsentiert hier das Museo de las Casas Reales die Kolonialgeschichte des Landes bis zur Unabhängigkeit von Spanien 1821.

Der erste Saal widmet sich der Entdeckung der Insel Hispaniola durch Kolumbus. Seekarten, nautische Geräte und Schiffsmodelle veranschaulichen die Seefahrtsgeschichte. Weitere Themen sind Piraterie und Kolonialwirtschaft. Die obere Etage beherbergt den originalgetreu eingerichteten Festsaal, die Schreibstube des Gouverneurs, eine Apothekeneinrichtung aus dem 18. Jh. und eine Waffensammlung.

■ Las Damas, Eingang an der Südseite der Plaza de España, Tel. 809/682 42 02, Di–Sa 9–17, So bis 16 Uhr, 100 RD-$

14 Plaza de España

| Platz |

Auf dem 1991 neu gestalteten, weitläufigen, schattenlosen Platz mit rosé-weißem Karomuster und großzügigen Freitreppen nach allen Seiten hält sich tagsüber niemand lange auf. Zum Glück gibt es einige Cafés mit Sonnenschirmen und Blick auf den Alcazar de Colón. An der Flussseite steht heute noch das 1758 errichtete Stadttor Puerta de San Diego, Rest einer verschwundenen Festung. Am Fluss wurde der Hafen Puerto Don Diego zum Kreuzfahrthafen mit Terminal ausgebaut.

15 Alcázar de Colón

| Palast |

Die wehrhafte, 1516 vollendete pompöse Residenz des ersten Vizekönigs der

Der Alcázar de Colón war bis 1577 der Wohnsitz der Familie Kolumbus

Neuen Welt Diego Colón und seiner Frau Maria de Toledo verwaltete bis 1535 das junge spanische Kolonialreich. Hier planten die Konquistadoren Hernán Cortés, Francisco Pizarro, Ponce de León, Diego Velasquez und Juan de Esquivel ihre Eroberungszüge. Bis 1577 wohnten hier drei Generationen der Kolumbusfamilie.

1500 indigene Arbeiter setzten die rosa Korallensteinquader im spätgotisch-isabellinischen Stil mit Mudéjar-Akzenten fast fugenlos aufeinander. Blickfang ist die elegante, zweigeschossige arkadenverzierte Loggia im Stil der italienischen Frührenaissance. Nicht einmal für die 72 Türen und Fenster wurden Nägel oder Schrauben verwendet. Die Originalausstattung ist den Plünderungen des englischen Piraten Francis Drake zum Opfer gefallen, doch zeigt das Museo Vireinal von Spanien gestiftete edle Möbel und Kunstwerke aus dem 16. und 17. Jh. Eine Wendeltreppe führt zu einer Aussichtsveranda hinauf.

■ Plaza de España, Tel. 809/686 86 57, Di–Sa 9–17, So bis 16 Uhr, 100 RD-$

16 Museo de las Reales Atarazanas

| Museum |

In den inzwischen hübsch restaurierten Handels- und Lagerhäusern des ehemaligen Hafenviertels La Atarazana sind nun Restaurants, Souvenir- und Antiquitätengeschäfte untergebracht. In einer ehemaligen Seilerei zeigt das neu gestaltete historische Schifffahrtsmuseum geborgene Schätze gesunkener spanischer Galeonen aus dem 17. und 18. Jh.

■ Colón, esq. Vicente Celestino Duarte, Di–Sa 9–17, So 9–16 Uhr, 100 RD-$

In den Lagerhäusern des Hafenviertels ist auch das Schifffahrtsmuseum untergebracht

17 Casa del Cordón

| Kolonialhaus |

Das um 1503 für den Kolumbus-Gefährten und späteren Gouverneur von Jamaika Francisco de Garay errichtete älteste Steinhaus Amerikas ist heute eine Kultureinrichtung des Banco Popular. Seinen Namen verdankt es der steinernen Franziskanerkordel (span. cordón), die das isabellinische Portal ziert. 1586 mussten die reichen Damen der Stadt hier bei Sir Francis Drake ihren Schmuck abliefern.

■ Isabel La Católica, esq. Emiliano Tejera, Mo–Fr 9–16 Uhr

18 Casa de la Moneda

| Ausstellung |

Die Fassade der Münzprägestätte (1542) zieren schöne Medaillons im plateresken Stil. Das mittlere zeigt vermutlich Kaiser Karl V., Herr über das Münzprägerecht. Die kleine Sammlung zieht passionierte Numismatiker an.

■ Arzobispo Meriño 358, zwischen Las Mercedes und E. Tejera, Mi–So 10–17 Uhr

19 Museo del Ambar

| Museum |

In der gleichen Straße erzählt das kleine Museum der Bernsteinwelt viel Spannendes rund um das fossile Harz. Außerdem kann man im Erdgeschoss wirklich erlesene Stücke mit fossilen Einschlüssen erwerben.

■ Arzobispo Meriño 452, esq. Restauración, Tel. 809/6823309, www.amberworldmuseum.com, Mo–Sa 9–18, So 9.30–13.30 Uhr, 100 RD-$

20 Monasterio de San Francisco

| Klosterruine |

Etwas südwestlich stehen auf einem Hügel die imposanten Ruinen des ab 1508 erbauten und damit ältesten Klosters von Amerika, das 1795 aufgegeben wurde und Erdbeben zum Opfer fiel. Durch das Hauptportal, das an einen Triumphbogen erinnert, fällt der Blick ins Innere der mächtigen Abteikirche (1544). Hochzeitspärchen lassen sich hier gerne fotografieren. Heute finden hier kulturelle Veranstaltungen statt, u. a. die größte Tanzparty der Altstadt.

■ Calles Hostos, Duarte und Restauración

ADAC Mittendrin

Das kostenlose **Sonntagabend-Konzert** mit der beliebten lokalen Band **Grupo Bonyé** vor der effektvoll beleuchteten Kulisse der Ruinen des Klosters San Francisco hat sich inzwischen zur größten Party der Altstadt gemausert. Jeden Sonntag geht die **Ruinenparty** gegen 17 Uhr los, getanzt wird zu Merengue, Son und Salsa bis Mitternacht. Fliegende Händler, Buden und benachbarte Bars versorgen alle mit Snacks, Bier und Rum.

21 Hospital San Nicolás de Bari

| Ruinen |

Folgt man der Calle Hostos nach Süden, gelangt man zu den Überresten des ab 1503 erbauten ersten spanischen Krankenhauses in der Neuen Welt.

■ Calle Hostos, zwischen Las Mercedes und General Luperón

22 Iglesia de las Mercedes

| Kirche |

Die 1527–55 erbaute Klosterkirche des Mercedarier-Ordens zeigt Stilelemente der Spätgotik und der Frührenaissance. Angesichts des hier bewahrten Gnadenbildes der Virgen de las Mercedes, der Nationalpatronin des Landes, geriet 1618 Tirso de Molina, der berühmte Autor des »Don Juan«, ins Schwärmen. ■ Las Mercedes, esq. José Reyes, manchmal 16–18 Uhr sowie während der Morgenmesse am So geöffnet

23 Puerta del Conde

| Stadttor |

Die attraktive Fußgängerzone Calle El Conde führt vom Parque Colón nach Westen zum Stadttor aus dem 17. Jh., auf dem 1844 erstmals die dominikanische Flagge gehisst wurde. Dahinter liegt der Parque de la Independencia mit dem 1976 errichteten, von Ehrengarden bewachten Altar de la Patria. Unter diesem »Altar des Vaterlandes« ruhen die Helden der Unabhängigkeitsbewegung von 1844: Juan Pablo Duarte, Francisco del Rosario Sánchez und Ramón Matías Mella. Eine in den Boden eingelassene Windrose zeigt den Nullpunkt an, von dem die Entfernungen zu allen Städten der Republik gemessen werden.

Parken

Den Mietwagen stellt man am besten in den Parkgaragen am Plaza de España, esq. Arz. Meriño (Plan S. 20/21 d2) und in der Calle Isabel La Católica gg. dem Museo de Telecomunicaciones (Plan S. 20/21 d2) ab (jeweils 50 RD-$/1 Std). Eine Tiefgarage gibt es zwischen Isabel La Católica und Arz. Meriño (nördl. des Hotel Hodelpa Caribe Colonial, Plan S. 20/21 d2).

Restaurants

€ | **Falafel** Leckere libanesische Küche, auch Salate und Säfte. Bezaubernder Innenhof mit Garten, am Wochenende oft Livemusik. ■ Padre Billini 352, esq. Sánchez, Tel. 809/688 97 14, tgl. 16–24, Fr, Sa bis 1 Uhr, Plan S. 20/21 c4

€€ | **La Casita de Papi** Exzellentes dominikanisches Seafood sowie Steaks und Pasta in romantischem Kolonialgebäude mit Innenhof. ■ Hostos 356, esq. Las Mercedes, Tel. 809/221 00 79, tgl. 19–24 Uhr, Plan S. 20/21 d2

3 €€ | **Mesón D'Bari** Die beste dominikanische Küche in der Altstadt. Stimmungsvolle Atmosphäre mit lokaler Kunst. Bar und Lokal auf zwei Ebenen in einem Haus aus dem 16. Jh. Besonders lecker sind Rinderfilet mit Zwiebeln, geschmortes Krebsfleisch, Fisch in Kokossauce und Zickleineintopf. Preiswertes Mittagsmenü. Am Wochenende spielen Merengue-Gruppen. ■ Hostos 302, esq. Salomé Ureña, Tel. 809/687 40 91, tgl. 12–24 Uhr

ADAC Mobil

Die 45-minütige Tour mit der offenen **Bimmelbahn** »Chu Chu Colonial« durch die Altstadt zwischen Las Mercedes und Padre Billini erspart einige Lauferei; Abfahrt am Parque Colón, stdl. 9–17 Uhr, 500 RD-$, Kinder 3–12 Jahre 300 RD-$. Man kann auch mit einer **Pferdekutsche** eine Rundfahrt durch die Altstadt und zum Malecón unternehmen. Abfahrt südl. der Kathedrale in der Padre Billini, esq. Las Damas, 30–45 Min., 1000 RD-$. Außerdem Verleih moderner **Fahrräder**, u. a. Zona Bici, Arzobispo Meriño 217, Tel. 809/979 12 60, www.zonabicird.com, 300 RD-$/1 Std., 800 RD-$/4 Std.; Preise inkl. Helm, Karte und Versicherung.

€€€ | La Briciola Elegantes Ambiente in einem aufwendig restaurierten Kolonialgebäude mit makellosem Service und wirklich exzellenter italienischer Küche, darunter feine Seafood-Pasta. Romantischer Innenhof. ■ Arz. Meriño 152, esq. Padre Billini, Tel. 809/688 50 55, www.santodomingo.labriciola.com, Mo–Sa 12–24, So 18–24 Uhr, Plan S. 20/21 d3

Cafés

La Cafetera Colonial Schon in 100 m Entfernung duftet es in der Fußgängerzone nach dem frisch gerösteten Kaffee dieses nostalgischen Lokals, in dem man den besten »cafecito« der Stadt bekommt, dazu leckere Sandwiches, frische Säfte und einen unvergleichlichen Ananaskuchen. ■ El Conde 253, Tel. 809/682 71 22, Mo–Sa 8–22 Uhr, Plan S. 20/21 d3

Mamey Café Charmantes Intellektuellencafé mit Kunstgalerie und Buchladen in einem großen Kolonialgebäude gegenüber der Kirche Las Mercedes. Idyllischer Patio. ■ Las Mercedes 315, Tel. 809/688 91 11, Mi–So 10–24 Uhr, Plan S. 20/21 c3

Segafredo Bei jungen Leuten sehr beliebtes Café mit großer Terrasse zur Fußgängerzone. Leckere italienische Kleinigkeiten und gute Drinks bis Mitternacht. ■ El Conde 54, Nähe Las Damas, Tel. 809/685 95 69, Plan S. 20/21 e3

Kinder

Colonial Gate 4D Cinema Topmodernes 4D-Kino in Rufweite der Fortaleza Ozama, in dem Kinder die Eroberung Santo Domingos durch Sir Francis Drake mit allen Sinnen erleben können. Aber auch Erwachsene haben Spaß. ■ Padre Billini 52, esq. Isabel La Católica, Tel. 809/565 07 46, www.thecolonialgate.com, tgl. 9–17 Uhr, Vorführung alle 15 Minuten, Plan S. 20/21 d3

Auf einer Fahrt mit der Pferdekutsche kann man die Altstadt ganz bequem erkunden

Einkaufen

4 **L'Ile au Trésor** Erlesener Designerschmuck aus azurblauem Larimar, Bernsteinfiguren und Reproduktionen alter spanischer Münzen. Besonders edel ist bläulicher Bernstein mit Insekteneinschlüssen aus Dinosaurierzeiten. ■ Arzobispo Meriño 209, Tel. 809/3337452, Showroom: Arzobispo Meriño 203

La Casa de los Dulces Leckeres Guaven-, Ananas- und Kokosnusskonfekt sowie eine große Auswahl an Rum. ■ Arzobispo Meriño 106, esq. E. Tejera, Mo–Sa 7–21, So bis 13 Uhr, Plan S. 20/21 d3

Cigar King Erstklassige Auswahl an dominikanischen und kubanischen Zigarren. ■ Edificio Baguero, El Conde 208, Tel. 809/6864987, Plan S. 20/21 d3

Musicalia Topauswahl an Musik aus der Dominikanischen Republik und ganz Lateinamerika. ■ El Conde 464, esq. Espaillat, Tel. 809/5622878, Plan S. 20/21 c3

Museo Larimar Dominicano Viele Informationen über den dominikanischen Halbedelstein Larimar und besonders schöner Schmuck daraus. ■ Isabel La Católica 54, Tel. 809/6823309, Mo–Sa 9–18, So 10–15 Uhr, Plan S. 20/21 d3

Galería Bolos Faszinierende Auswahl an dominikanischer und haitianischer Kunst. ■ Isabel La Católica 15, Tel. 809/6865073, tgl. 9–20 Uhr, Plan S. 20/21 e3

Kneipen, Bars und Clubs

Bio Bar Derzeit extrem angesagte zweistöckige Clubadresse in der Alt-

Beim Bummel über die Uferstraße Malecón bieten sich traumhafte Sonnenuntergänge

stadt. Hier wird ein Mix aus Rock und Latin gespielt. ■ Sánchez 125, esq. Padre Billini, Tel. 829/766 81 22, Mi–So ab 22 Uhr, Plan S. 20/21 c4

El Sartén Traditionelle relaxte Tanzbar für etwas reifere Pärchen, die hier zu Merengue und Salsa die Hüften schwingen. ■ Hostos 153, Tel. 809/686 96 21, Mi–So 20–1, Fr, Sa bis 3 Uhr, Plan S. 20/21 d3

Esedeku Schicke Bar für junges Publikum mit Lounge auf der Dachterrasse. ■ Las Mercedes 341, esq. Santomé, Tel. 809/763 82 92, Mi–So 21–1, Fr, Sa bis 3 Uhr, Plan S. 20/21 c3

Lulú Tasting Bar Angesagte Tapas-Bar mit Lounge-Atmosphäre, guten Weinen und Cocktails. ■ Arzobispo Meriño, esq. Padre Billini, Tel. 809/687 83 60, tgl. 18–2 Uhr, Plan S. 20/21 d3

Events

Santo Domingo de Fiesta Die kostenlose und sehr unterhaltsame zweistündige folkloristische Tanzshow findet Fr und Sa ab 21 Uhr unter freiem Himmel am hinteren Rand der Plaza de España statt. Danach tanzen die meisten Zuschauer bis Mitternacht mit.

Semana Santa Beeindruckend ist die Karfreitagsprozession, die bei Einbruch der Dunkelheit ausgehend von der Iglesia de las Mercedes durch die Altstadt zur Kathedrale führt, in der um 20 Uhr eine feierliche Messe mit Konzert stattfindet.

Die moderne Stadt

Hier ist vor allem Kultur, Shopping und Nightlife angesagt

Die von modernen Hotels gesäumte Uferstraße Malecón mit ihren spektakulären Sonnenuntergängen, der Parque de la Cultura mit seinen sehr sehenswerten Museen im Westen und der Botanische Garten im Norden sind gute Gründe, die Altstadt zu verlassen. Die Entfernungen überbrückt man am besten mit einem Taxi.

Sehenswert

24 El Malecón

| Uferstraße |

Von der Puerta del Conde führt die Calle Palo Hincado – vorbei am Stadttor Puerta de la Misericordia – hinunter zur kilometerlangen Küstenstraße Avenida George Washington, kurz: »El Malecón«, der von ziemlich heterogener Architektur gesäumten Uferstraße. Der östlichste Abschnitt zwischen Altstadt und Avenida Máximo Gómez ist der interessanteste. Hier findet man

Plan S. 20/21

Im Jardín Botánico ist auch ein Japanischer Garten angelegt

die großen Kettenhotels mit luxuriösen Nachtclubs und Casinos. Der Verkehr tobt immer, das Leben tobt besonders am Wochenende, wenn es die Dominikaner an die Imbissbuden mit Musikbeschallung am kleinen Strandpark Playa Güibia zieht.

Zwei unter Trujillo errichtete Obelisken bieten Orientierung: Die stimmgabelförmige »La Hembra« (»das Weib«) an der Plaza Rubén Dario und die phallusartige Säule »El Macho« (»der Kerl«) 1 km weiter westlich. Letztere zieren heute farbige Abbildungen der von Trujillos Schergen ermordeten Schwestern Patria, Minerva und Maria Teresa Mirabal.

Im Westen führt die Avenida George Washington an der Universidad Autónoma vorbei und geht in die Autopista 30 de Mayo über. Die nach Norden abzweigende Avenida Jiménez Moya berührt zunächst die Ostspitze des Parque Mirador del Sur und führt dann weiter zum Botanischen Garten.

25 Parque de la Cultura

| Museumspark |

Das große Areal mit vier Museen, Teatro Nacional und Biblioteca Nacional ist kultureller Mittelpunkt der modernen Stadt. Das anthropologische Museo del Hombre Dominicano dokumentiert die indigene Kultur und Religion Hispaniolas, aber auch das Schicksal der afrikanischen Sklaven sowie die Karnevalstraditionen des Landes. Das Museo Nacional de la Historia y Geografía beherbergt eine Sammlung von Landkarten aus der Kolonialzeit und gibt einen Überblick über die Geschichte der Dominikanischen Republik. Mit Wechselausstellungen zeitgenössischer dominikanischer Malerei und Plastik – darunter sechs Bilder von Cándido Bidó, dem berühmtesten Maler des Landes – lockt das Museo del Arte Moderno. Das Museo de la Historia Natural präsentiert Flora, Fauna und Unterwasserwelt Hispaniolas.

■ Alle Museen Di–So 10–17 Uhr, 100 RD-$

26 Museo Bellapart

| Museum |

Das private Museum im 5. Stock (Aufzug) eines Honda-Autohauses zeigt die beste Privatsammlung dominikanischer Kunst des 19. und 20. Jh., darunter Werke des von Picasso inspirierten Jaime Colson (1901–75), von Celeste Woss y Gil (1890–1985), der bekanntesten Malerin des Landes, und des vom mexikanischen Muralismus faszinierten Diaro Suro (1917–97).

■ Av. John F. Kennedy, esq. Dr. Lembert Peguero (Edificio Honda), Metro (Línea 2) Juan Ulises García, Tel. 809/5417721, www.museobellapart.com, Mo–Fr 9–18, Sa 9–12 Uhr, Eintritt frei

27 Sala de Arte Prehispánico – Fundación García Arevalo

| Museum |

Erstklassige Privatsammlung von Keramik, Schnitzkunst und Schmuck der indigenen Tainos, darunter der tiefschwarze Monolith einer Taino-Gottheit mit auffälligem Phallus.

■ Av. San Martín 279, zwischen Av. John F. Kennedy und Av. Lopé de Vega (Pepsi-Cola-Gebäude), Metro (Linea 2) Freddy Beras Goico, Tel. 809/5407777, Mo–Fr 9–17 Uhr (nach Voranmeldung), Eintritt frei

28 Jardín Botánico Rafael Moscoso

| Botanischer Garten |

Der Botanische Garten im Viertel Arroyo Hondo präsentiert auf 180 ha die faszinierende Pflanzenvielfalt der Karibik mit Palmenhain, Urwaldschlucht und reizvollem Japanischen Garten. Eine Bimmelbahn verkürzt die Wege. Der Orchideenpark Orquideario betört mit 350 verschiedenen Arten.

■ Av. República de Colombia und Av. Los Próceres, Metro (Linea 2) F. G. Billini, dann noch 1,4 km in Richtung Norden zu Fuß oder per Motoconcho, Tel. 809/3852611, www.jbn.gob.do, tgl. 9–18 Uhr, 200 RD-$, Orchideenhaus und Schmetterlingshaus extra

ADAC Wussten Sie schon?

Wie in vielen Ländern Lateinamerikas ist nicht die Hochzeit, sondern der **15. Geburtstag** eines Mädchens (Quinceañera) das größte Ereignis ihres Lebens. Manche Familien verschulden sich oft über Jahre, um der Tochter den ganz großen Auftritt zu ermöglichen. Der Übergang vom Kind zur Frau wird mit einem **Debütantinnenball** gefeiert. Im Botanischen Garten lassen sich die nunmehr jungen Frauen in ihrem Prinzessinnenoutfit besonders gerne ablichten. Die Fotos werden noch Jahrzehnte später stolz herumgezeigt.

Verkehrsmittel

Mit der Metro kann man vom Malecón in die Nähe der abgelegenen Museen und zum Botanischen Garten fahren. An den Stationen warten Motoconchos, die die restliche Distanz überbrücken.

Restaurants

€ | **Barra Payán** Hier gibt's die besten Sandwiches der Stadt, von Starkoch Anthony Bourdain empfohlen. ■ Av. 30 de Marzo 140, esq. San Juan Bosco, Tel. 809/6896654, tgl. rund um die Uhr, Plan S. 20/21 a1

€ | **Buen Provecho** Preiswerte und vorzügliche dominikanische Küche in einem sonst sehr schicken Ausgehviertel. ■ Av. Gustavo Mejia Ricart 59, Ensanche Naco, Tel. 809/562 48 48, tgl. 7–16 Uhr, Plan S. 20/21 ca. 5 km westl. a2

€–€€ | Adrian Tropical Institution direkt am Malecón mit bühnenhaft abgestuften Sitzterrassen. Am besten probiert man die Mofongo-Spezialitäten (nahrhafte Klöße aus zermahlenen Bananenplätzchen mit Knoblauch, Olivenöl, Speck, Geflügel oder Schweinefleisch) sowie Pasta, Seafood, Sandwiches und Burgers. ■ Av. George Washington 304, Tel. 809/566 83 73, tgl. 7–2 Uhr, Plan S. 20/21 a5

€–€€ | El Conuco Authentische dominikanische Küche in einem wie ein Bohio (indigene Hütte) gestalteten Lokal. Das Personal lockt Gäste am Abend oft spontan auf die Tanzfläche. ■ Casimiro de Moya 152, Gazcue, Tel. 809/686 01 29, www.elconuco.com.do, tgl. 7–24 Uhr, Plan S. 20/21 ca. 200 m westl. a5

€€–€€€ | Cantábrico Stilvolles Feinschmeckerlokal mit hervorragendem Seafood. Sehr zu empfehlen sind auch Paella und Spanferkel. ■ Av. Gustavo Mejia Ricart, esq. Tiradentes, Torre Silver Sun, Ensanche Naco, Tel. 809/687 51 23, www.restaurantcantabrico.com, tgl. 12–24 Uhr, Plan S. 20/21 ca. 4 km westl. a2

Einkaufen

Ágora Mall Schickes vierstöckiges Einkaufszentrum mit gutem Food Court. Besonders interessant ist der Laden Cosas del País mit dominikanischen Delikatessen und Kunsthandwerk. Am Samstag dominikanischer Markt im 1. Stock. ■ Av. John F. Kennedy, esq. Av. Abraham Lincoln, Tel. 809/363 23 23,

Im Mercado Modelo bieten viele dominikanische Künstler ihre Gemälde zum Verkauf an

www.agora.com.do, Geschäfte Mo–Sa 9–21, So 22–20 Uhr, Food Court bis Mitternacht, Plan S. 20/21 ca. 5 km westl. a1

Mercado Modelo Das Viertel nordwestlich der Altstadt ist nicht das sicherste, doch der größte Markt für Kunsthandwerk der Stadt lohnt unbedingt einen Besuch. Neben Rum, Zigarren, Bernstein, Larimar, haitianischer Malerei und Holzskulpturen gibt es hier auch viel Ramsch. Hartnäckiges Feilschen ist angesagt, und Wertgegenstände lässt man im Hotel. In den Außenbereichen kaufen die Einheimischen Lebensmittel und Gewürze ein. ■ Av. Mella, zwischen Calle Santomé und Montey Tejada, Mo–Sa 7–18, So bis 13 Uhr, Plan S. 20/21 c2

Kneipen, Bars und Clubs

Jet Set Etablierte Nobeldisco im 17. Stock mit Blick auf die Stadt. Überwiegend Salsa, Merengue und Mo Bachata. ■ Independencia 2253, esq. Proyecto, Tel. 809/535 41 45, www.jetsetclubrd.com, Mo, Fr, Sa bis 6 Uhr morgens, Plan S. 20/21 ca. 7,2 km südwestl. a5

Mint Altstadtnahe, besonders beliebte Disco in einem Mittelklassehotel. ■ Av. George Washington 51, esq. Cambronal, Tel. 809/687 11 31, Fr, Sa 22–18 Uhr, Plan S. 20/21 a5

5 **Vertygo 101** Im Nachtclub des JW Marriott mit Glasterrasse amüsiert sich die Hautevolee. Für einen Sprung in den transparenten Infinity-Pool Badezeug nicht vergessen! ■ Av. Winston Churchill 93, Tel. 809/807 17 17

Events

Karneval Im Februar wird am Sonntagnachmittag in der Fußgängerzone El Conde und auf dem dann rund um die Playa Güibia für den Autoverkehr gesperrten Malecón in kunstvollen Kostümen und Masken getanzt. Höhepunkt sind die Paraden zum Unabhängigkeitstag am 27. Februar.

Im Februar finden auf dem Malecón prächtige Karnevalsparaden statt

Merengue-Festival In den letzten zwei Juliwochen (Fr und Sa) treten auf einer riesigen Bühne auf der Plaza Juan Barón neben dem Malecón die besten Merengue- und Bachata-Gruppen des Landes auf, aber auch Salsa, Reggae und Reggaeton sind zu hören. Weitere Folklore-Aufführungen gibt es im Palacio de Bellas Artes und im Nationaltheater.

Festival Presidente Das dreitägige Musikfestival mit über 50 000 Tanzfans findet alle zwei Jahre im Oktober im gigantischen Felix Sánchez Olympiastadion statt.

Östlich des Río Ozama

Am anderen Flussufer warten Kolumbusmausoleum und faszinierende Grotten

Ein monumentales Ausrufezeichen setzt der Faro a Colón, das riesige Kolumbusmausoleum. Das Nationalaquarium mit angeschlossenem Wasserpark zieht Familien ebenso an wie die Natursteingrotten Tres Ojos. Die Avenida Venezuela ist der Hotspot des einheimischen Nightlife.

Sehenswert

29 Faro a Colón

| Mausoleum |

Schon vom Alcázar de Colón an der Plaza de España ist er zu sehen, dieser monumentale Marmorsarkophag, in den man 1992 Christoph Kolumbus einbetoniert hat. 1927 schlug der Engländer J. L. Gleave ein riesiges Betonkreuz vor, das ein Lichtkreuz an den Himmel projizieren sollte. Erst ab 1987 wurde der Bau ernsthaft betrieben und im Oktober 1992 feierlich als »Achtes Weltwunder« eingeweiht. Schattenlos liegt das riesige kreuzförmige Gebäude aus mit weißen Marmorplatten verkleidetem Stahlbeton (210 m lang, 34 m breit und 47 m hoch) in der gleißenden Sonne. Aus Stromspargründen zeichnen die 156 Laserreflektoren nur noch am 12. Oktober (Kolumbustag), an Karfreitag und an Silvester ein Lichtkreuz in den Himmel.

Im Zentrum des architektonischen Kreuzes, das man über eine monu-

Der Nationalpark Tres Ojos birgt unterirdische Grotten mit türkisblau schillernden Seen

mentale Treppenflucht betritt, thront das streng bewachte neogotische Marmormausoleum, das bis 1992 in der Kathedrale von Santo Domingo stand. Die 48 Seitenkammern des Gebäudes nutzen die mitfinanzierenden Staaten zur überwiegend sehr zurückhaltenden Selbstdarstellung.

■ Av. Mirador del Este, Tel. 809/5911492, Di–Sa 9–17, So bis 16 Uhr, 100 RD-$

30 Acuario Nacional

| Aquarium |

Direkt am Meer, im Stadtteil La Isabelita, liegt das 1990 eröffnete Nationalaquarium mit einer Fläche von 34 500 m². Facettenreich wird die in allen Farben schillernde karibische Unterwasserwelt präsentiert. In begehbaren Kunststoffröhren kommt man Haien gefahrlos nahe. Schräg gegenüber wurde ein großer Wasser-Funpark (Aqua Splash Caribe) angelegt.

■ Aquarium: Av. España, Tel. 809/7661709, Di–So 9.30–17.30 Uhr, 200 RD-$; Aqua Splash Caribe: Tel. 809/7661927, im Sommer tgl., sonst Di–Fr 12–18.30 Uhr, 350–450 RD-$

31 Parque Nacional Tres Ojos

| Nationalpark |

Die »Drei Augen« sind ein Labyrinth bizarrer, partiell eingebrochener Natursteingrotten mit üppiger Vegetation und drei herrlich schönen Seen etwa 4 km östlich der Altstadt. In den Stein geschlagene Stufen führen hinab in die Zauberwelt der Wasserschildkröten, Fledermäuse und Kolibris. Am Morgen sind die Lichtverhältnisse am besten. Zu erreichen ist der Parque Nacional Tres Ojos über die Avenida Las Américas.

■ Av. Mirador del Este, tgl. 8–17 Uhr, 300 RD-$

ADAC Wussten Sie schon?

Ruht in Santo Domingo der wahre Kolumbus? 1539 erwirkte María de Toledo, die Witwe von Diego Colón, bei Kaiser Karl V. die Überführung der Gebeine nach Santo Domingo. Als Spanien 1795 auch die Osthälfte Hispaniolas an Frankreich abtreten musste, holte man in aller Hast eine Urne aus dem Familiengrab und brachte sie in die Kathedrale von Havanna, später in die Kathedrale von Sevilla, wo sie noch heute steht. Doch die Dominikaner sind fest davon überzeugt, dass sie 1877 die echten **Gebeine von Christoph Kolumbus** wiederentdeckt haben. Die Spanier sollen Diego, den Sohn von Kolumbus, mitgenommen haben. Moderne DNA-Analysen sprechen allerdings dagegen.

Verkehrsmittel

Die Attraktionen östlich des Ozama-Flusses erreicht man am besten mit einem Taxi.

Kneipen, Bars und Clubs

Eclipse Dance & Nightclub Heißer Nachtclub in der lokalen Clubmeile östlich des Río Ozama, in die sich nur selten ein Tourist verirrt. Einfach ein Taxi nehmen, den Straßennamen kennt jeder. Ebenfalls in der Avenida Venezuela findet man die Clubs Evolution und Euphoria. ■ Av. Venezuela 64, zwischen Puerto Rico und Bonaire, Tel. 809/5302662, Do–So 22–4 Uhr (vor Mitternacht ist hier noch nichts los), Plan S. 20/21 ca. 2 km nördl. f1

Übernachten

In der Altstadt werden immer mehr kleine schicke Boutiquehotels in mustergültig restaurierten Kolonialhäusern eröffnet. Die Preise sind angemessen. In der modernen Stadt ist die Auswahl an preiswerten Unterkünften höher. Aparthotels bieten ein besonders gutes Preis-Leistungs-Verhältnis. Am Malecón reihen sich ziemlich teure internationale Kettenhotels mit Nachtclubs und Kasinos aneinander. Hier steigen vor allem Geschäftsleute ab, daher sind am Wochenende oft Preisnachlässe von bis zu 20 % möglich. Alle Hotels verfügen über Wi-Fi. Sog. »Motels« oder »Cabañas«, wie man sie entlang der Ausfallstraßen findet, sind übrigens immer Stundenhotels.

Ciudad Colonial 19

€ | Island Life Backpackers' Hostel Von Engländern geführte Topadresse in einem 400 Jahre alten Haus am nördlichen Rand der Altstadt für Reisende mit schmalem Budget. Mit Wi-Fi, Waschmaschine, Küche, Jacuzzi, Innenhof mit Hängematten und Bar. Individuelle Zimmer, einige davon mit eigenem Bad, sowie Schlafsäle. ■ Isabel La Católica 356, Santo Domingo, Tel. 829/333 93 74, www.islandlifebackpackershostel.com

€–€€ | Casa Naemie Charmante blumengeschmückte Unterkunft in restauriertem Altstadthaus mit elegantem Salon. Acht blitzsaubere klimatisierte Zimmer mit modernem Bad (im Erdgeschoss dunkel). Tolle Suite mit Privatterrasse und Meerblick. TV, WLAN, Patio und Bar. Sehr freundliches, überwiegend haitianisches Personal. ■ Isabel La Católica 11, Santo Domingo, Tel. 809/689 22 15, www.casanaemie.com

€€ | Casa Sánchez Elegantes Boutiquehotel in der Altstadt. Highlights sind der lang gezogene Patio mit schickem Pool und die Dachterrasse mit Loungemöbeln und Jacuzzi. Die Zimmer zum Pool sind besonders schön. Nur Erwachsene, LGBTQ-freundlich. ■ Sánchez 260, Santo Domingo, Tel. 829/947 90 02, www.casasanchezhotel.com

€€ | Doña Elvira Kleine, elegante Kolonialunterkunft aus dem 16. Jh. in der Nähe der Kirche Regina Angelorum mit geschmackvollem Interieur im andalusischen Stil, riesigen Betten und edlem Stoffdekor. Idyllischer Tropengarten, die 15 Zimmer gruppieren sich um einen Pool, Sonnendeck mit Jacuzzi, Internet, gutes Restaurant. ■ Padre Billini 209, Santo Domingo, Tel. 809/221 74 15, www.dona-elvira.com

€€ | El Beaterio Die 11 kleinen, klimatisierten Zimmer des charmanten Gästehauses wurden in einem Klostergebäude aus dem 16. Jh. rund um einen üppig begrünten Patio mit schmiedeeisernem Mobiliar und Balkendecken eingerichtet. Sehr schöner Salon, vorzügliches Frühstück. ■ Duarte 8, Santo Domingo, Tel. 809/687 86 57, www.elbeaterio.com

€€ | Palacio Schönes Altstadthotel im Kolonialstil unter deutscher Leitung. Riesige Zimmer, sichere Parkplätze, Dach-Sonnenterrasse mit Pool und

Das Hodelpa Nicolás de Ovando befindet sich im einstigen Wohnhaus des Gouverneurs

Jacuzzi, Internet. ■ Duarte 106, esq. Salomé Ureña, Santo Domingo, Tel. 809/682 47 30, www.hotel-palacio.com

€€€ | Hodelpa Nicolás de Ovando Gouverneurs-Wohnhaus des frühen 16. Jh., Kolonialdekor und modernste Einrichtung, tolle Bäder. Restaurant mit mediterraner Gourmetküche. Idyllische Innenhöfe mit Springbrunnen und üppiger Vegetation. Toller Fluss- oder Altstadtblick, guter Service. Die Bar ist auch Nichtgästen zugänglich. ■ Las Damas 53, Santo Domingo, Tel. 809/685 99 55, www.hodelpa.com/nicolas-de-ovando

Moderne Stadt 33

€€ | Napolitano Das unlängst renovierte Mittelklassehotel ist wegen seiner Lage am Malecón in Altstadtnähe (nur 10 Minuten zu Fuß) und seiner relaxten Atmosphäre sehr beliebt. Poolterrasse im 2. Stock, Spa, Restaurant, Bar, Casino und Diskothek. ■ Av. George Washington 51, Santo Domingo, Tel. 809/687 11 31, www.napolitano.com.do

€€€ | Catalonia Santo Domingo 21-stöckiger Hotelturm (ehem. Hilton) direkt am Malecón mit fantastischem Ausblick, Pool-Terrasse, Fitness-Center und allem Luxus. Die Eckzimmer mit der Nummer 1713 und 1715 bieten die tollste Aussicht durch Panoramafenster, selbst im Badezimmer. Kinder unter 18 im Zimmer der Eltern frei. ■ Av. G. Washington 218, Santo Domingo, Tel. 809/685 00 00, www.cataloniahotels.com

€€€ | JW Marriott Santo Domingo Das im schicken Einkaufszentrum Blue Mall untergebrachte Hotel setzt mit seinen 150 Zimmern auf unprätentiösen Luxus bei gutem Preis-Leistungs-Verhältnis. Neben dem Top-Nachtclub Vertygo 101 ist das Winston Grill & Patio Restaurant hervorzuheben, in dem vorzügliche Fusionsküche serviert wird. ■ Av. Winston Churchill 93, Santo Domingo, Tel. 809/807 17 17, www.marriott.de

Unterwegs im Osten von Hispaniola

Schneeweiße Strände und türkisblaues Meer machen die Küstenlandschaften im Osten des Landes zu einem Urlaubsparadies

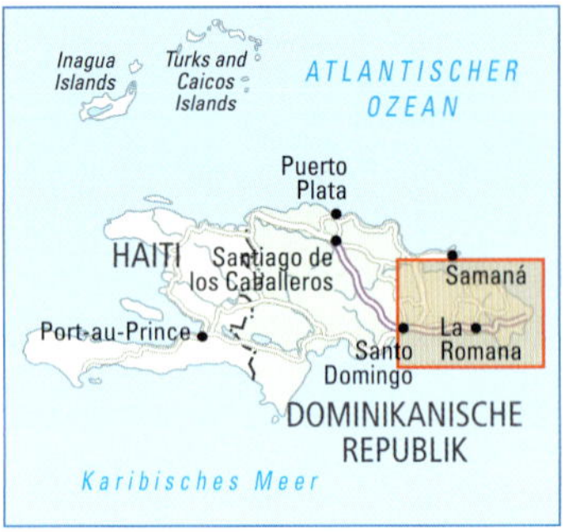

Auf der modernen Autobahn erreicht man von Santo Domingo das Urlaubsparadies Costa de Coco in gut zwei Stunden. Punta Cana wird natürlich auch von Ferienfliegern direkt von Deutschland aus angeflogen. Es lohnt sich aber, gemächlich die Südküste entlangzufahren, um neben kleineren Urlaubsorten auch das unverfälschte dominikanische Leben kennenzulernen, vielleicht ein Baseballspiel in San Pedro de Macorís zu besuchen, in Higüey die Wallfahrtskathedrale zu bestaunen und in Boca de Yuma einen Schwatz mit Fischern zu halten. Die Badeorte Boca Chica und Juan Dolio sind in erster Linie Ausflugsziele für Hauptstädter. Individualisten zieht es nach Bayahibe und zur Costa Esmeralda, Luxusurlauber fühlen sich in La Romana wohl, und Naturliebhaber locken die vielfältige Flora und Fauna auf der Insel Saona und im Parque Nacional de los Haitises.

In diesem Kapitel:

ADAC Top Tipps:

2 **Altos de Chavón**
| Künstlerdorf |
Das mediterrane Künstlerdorf hoch über dem Ufer des Río Chavón erinnert an eine extravagante Filmkulisse, besitzt aber auch ein vorzügliches Museum mit prähispanischer Kunst. ... 50

3 Isla Saona und Parque Nacional Cotubanamá
| Nationalpark |

Die Trauminsel im Nationalpark, ein Paradies für Schnorchler und Taucher, bietet herrliche Strände, Höhlen und Urwaldpfade. Sehr fotogen sind auch die kunterbunten Hütten des Fischerdorfs Mano Juan. 53

4 Macao und Uvero Alto
| Strände |

Die idyllischen Strände nördlich der Urlauberhochburg Bávaro sind noch immer fast unverbaut: tiefblauer Ozean, Kokospalmen und goldgelber Sand, so weit das Auge reicht. 57

5 Parque Nacional de los Haitises
| Nationalpark |

Die amphibische Karstlandschaft aus Inselchen und Höhlen an der Südküste der Bucht von Samaná bietet seltenen Tieren und Pflanzen Schutz. Bootsausflüge starten von Sabana de la Mar, Sánchez und Samaná. 59

ADAC Empfehlungen:

6 Cueva de las Maravillas
| Höhle |

Die Wände der großen Tropfsteinhöhle zwischen San Pedro de Macorís und La Romana zieren über 500 Piktogramme der indigenen Tainos. 48

7 Bayahibe
| Badeort |

Die malerische Hochburg des Individualtourismus bietet herrliche Strände und farbenfrohe Häuschen mit Pensionen und Restaurants. 51

8 Bachata Rosa, Punta Cana
| Restaurant |

Das Lokal gehört dem berühmten Sänger Juan Luis Guerra und bietet vorzügliche dominikanische und lateinamerikanische Fusionsküche. 57

9 Costa Esmeralda
| Küste |

Die Traumküste für Individualisten ist noch immer ein Geheimtipp. 58

Der feinsandige Traumstrand von Boca Chica ist ein Dorado für Wassersportler

2 Parque Nacional Submarino La Caleta

In dieser Rifflandschaft taucht man zu Taino-Schätzen hinab

Die Terrassenriffe des 22 km östlich von Santo Domingo und etwas südlich des Internationalen Flughafens Las Américas gelegenen marinen Nationalparks sind ein faszinierendes Tauch- und Schnorchelrevier. Die Küste fällt hier in Stufen bis auf 180 m Tiefe ab. Hauptattraktion ist das Wrack des Schatzsucherschiffs »Hickory« sowie Höhlentauchen in der Cueva Taina. An der kleinen geschützten Bucht La Caleta kann man auch schwimmen; von hier starten die Ausflugsboote der Tauchanbieter. Momentan wird hier viel saniert, auch das derzeit geschlossene Museo Etnológico y Arqueológico Taino, das exhumierte Skelette von Tainos zeigt, die in der typischen Hockstellung bestattet wurden.

■ Autopista Las Américas Km 25, Tel. 829/278 48 74, info@reefcheckdr.org, tgl. ab 8 Uhr, 400 RD-$

3 Boca Chica

Die größte Badewanne des Landes ist bei Einheimischen besonders beliebt

Information

■ Información Turística, Av. Duarte 31, Tel. 809/523 51 06, Mo–Fr 9–17, Sa 9–13 Uhr

In den 1920er-Jahren errichteten wohlhabende Hauptstädter am Strand von

Boca Chica ihre Sommerresidenzen. Der Zuckerbaron Don Juan Bautista Vicini leitete den florierenden Tourismus ein, und so wird vom luxuriösen All-inclusive-Urlaub bis zu billigen Absteigen alles angeboten. Der Strand, an dem alle erdenklichen Wassersportarten möglich sind, bietet puderweichen weißen Sand. Ein Korallenriff schützt die maximal 150 cm tiefe, besonders warme türkisfarbene Lagune. Sie ist stellenweise so flach, dass man zum Mangroven- und Vogelschutzgebiet La Matica hinüberwaten kann.

Unzählige Bars, Fischbuden (»Frituras«), Restaurants und Diskotheken sorgen dafür, dass keine Langeweile aufkommt. Am Wochenende machen zahllose Dominikaner aus der Hauptstadt den Strand zur größten Freilichtdiskothek des Landes: Merengue- und Bachata-Rhythmen sind allgegenwärtig. Im Schatten der Palmen klackern Dominosteine, Eltern toben mit ihren Kindern im Wasser, Bananenboote, Stehpaddler und Jetskis flitzen übers Wasser, am Strand spielt man Beachvolleyball, trinkt Rumcocktails aus Pappbechern und bewundert den Sonnenuntergang. Strandhändler versorgen die Urlauber mit Sonnenbrillen, Eiscreme, Kokoswasser und Massagen.

ADAC Mobil

Die Südküste ist mit **Linienbussen und »Guaguas« genannten Kleinbussen** gut erschlossen. Busse fahren von Santo Domingo nach Boca Chica, Juan Dolio, San Pedro de Macorís, La Romana und Bayahibe. Außerdem gibt es Direktverbindungen zwischen Santo Domingo und Bávaro über die Autobahn. Von Bávaro fahren Busse nach Miches und Higüey. An den **Flughäfen** von La Romana und Punta Cana landen auch Flieger aus Deutschland.

Restaurants

€€ | **Pequeña Suiza** Fondues, Pasta und Fisch sind die Spezialität des Schweizer Traditionslokals mit romantischem schattigen Innenhof. Sehr zu empfehlen ist auch der Haus-Digestif auf Passionsfruchtbasis. Leckeres Frühstück. ■ Calle Duarte 56, Tel. 809/5234619, tgl. 9–22 Uhr

€€€ | **Neptuno's** Beachclub für die Hauptstadtelite mit Saint-Tropez-Flair und Restaurant auf Stelzen, das feines Seafood serviert. Dazu kommt eine Austern- und Tapasbar und eine wirklich fabelhafte Weinkarte. ■ Calle Duarte 12, Tel. 809/5234703, tgl. 11–24 Uhr

Kneipen, Bars und Clubs

Boat House Sympathisches Bar-Restaurant mit originellem nautischen Dekor. Kostenloses WLAN. ■ Calle Duarte 34, Tel. 809/5236986, www.tbhbar.com, tgl. 8–23 Uhr

Sport

Tropical Sea Divers Der beste unter etwa 20 Tauchanbietern steht unter Schweizer Leitung und organisiert PADI-Kurse und Tauchgänge in La Caleta und Isla Catalina (ein Paket mit fünf Tauchgängen kostet 8500 RD-$). Die Ausflüge sind wetterabhängig. Bevor man also von Santo Domingo losfährt, unbedingt anrufen! ■ Calle Duarte 35, Tel. 829/6979522, www.tropicalseadivers.com

4 Juan Dolio

Ruhiges, in die Jahre gekommenes Strandresort mit nahem Fischerdorf

Der 10 km lange Strand ist attraktiv, besonders der Abschnitt Villa Real. Abgesehen von ein paar Restaurants, Bars und Läden an der Calle Principal ist in dieser All-inclusive-Hochburg relativ wenig los. Der als größter Wasserpark der Karibik angepriesene Los Delfines Water and Entertainment Park ist leider keine Empfehlung mehr wert. Die Playa Caribe zieht am Wochenende Surfer und Boogieboarder an, unter der Woche ist es hier aber himmlisch ruhig. Etwas weiter westlich liegt das verschlafene Fischerdorf Guayacanes und lockt mit einem von Palmen gesäumten weißen Sandstrand.

Den ausgedehnten Strand des Resorts Juan Dolio säumen Kokospalmen

Restaurants

€ | La Casa del Pescador Sehr nettes, preiswertes Fischrestaurant am Strand. ■ Calle Principal 55, Playa Guayacanes, Tel. 809/526 26 13, tgl. 8–23 Uhr

€ | Soya Azul Gute Thaiküche, eine willkommene kulinarische Abwechslung an einem schönen ruhigen Strandabschnitt. ■ Calle Principal, Tel. 809/526 21 01, tgl. 11–18 Uhr

Sport

Guavaberry Golf & Country Club Der Parcours des erstklassigen Golfplatzes (Par 72) wurde von Spitzengolfer Gary Player konzipiert und fügt sich harmonisch in die Landschaft ein. Sogar ein Wasserfall muss umspielt werden. ■ Nueva Autovia del Este Km 55, Tel. 829/547 00 00, www.guavaberrygolf.com.do, 5000 RD-$/18 Loch

5 San Pedro de Macorís

Die Hafenstadt ist eine Hochburg des dominikanischen Baseballs

Anfang des 20. Jh. erlebte die Stadt am Río Mágua einen wirtschaftlichen Aufschwung, als Zucker hoch im Kurs stand. Sehenswürdigkeiten sind die neogotische, in Gelb und Weiß leuchtende Iglesia San Pedro Apóstol von 1915 mit reich geschnitztem Mahagonialtar und das flammendrote Feuerwehrgebäude Cuerpo de bomberos (1907–15). Abends flaniert man gerne auf dem Malecón entlang und verköstigt sich an den zahlreichen »chimichurris« genannten Buden, aus deren Lautsprechern die aktuellen Merengue-Hits schallen.

ADAC Wussten Sie schon?

Baseball: Die nationale Leidenschaft

Kubanische Einwanderer, afrokaribische Zuckerarbeiter, die Cricket spielten, und die US-amerikanischen Besatzer (1916) sind schuld daran, dass in der Dominikanischen Republik keiner vom Fußball redet wie im übrigen Lateinamerika, sondern von Baseball. Diktator Rafael Trujillo baute das erste große Stadion der Hauptstadt, das heutige Estadio Quisqueya. 1956 stieß Ozzie Virgil als Infielder zu den New York Giants und spielte als erster Dominikaner in der Major League Baseball. Auch Spieler wie Sammy Sosa, Bartolo Colón und Pedro Martinez erfüllen alle mit Stolz. Heute stellen Dominikaner etwa 10 % aller Spieler in der Major League. Sechs Teams bilden die Liga de Béisbol Profesional de la República Dominicana. Talentscouts kommen besonders gern ins Estadio Telelo Vargas von San Pedro de Macorís, denn die Jugendarbeit der »Estrellas Orientales« gilt als vorbildlich. Wer einen Vertrag in den USA unterschreibt, hat ausgesorgt, selbst wenn es mit der großen Karriere nicht klappt.

Die Baseballsaison in der Dominikanischen Republik dauert von Ende November bis Ende März. Auch wer die Regeln dieses Sports nicht versteht, wird im Stadion viel Spaß haben, denn es herrscht eine einmalige Partyatmosphäre. Das (preiswerte) Ticket bekommt man auch am Eingang. Am besten einen Schattenplatz wählen!

Sehenswert

Parque Duarte

| Platz |

Auf dem schattigen Hauptplatz warten Pferdekutschen auf Passagiere. Hier diskutieren die Einheimischen vor allem über Baseball. In den Bars stehen Fernseher, die jedes Spiel live aus den USA übertragen. Wenn die Fachsimpelei überraschenderweise in Pidgin-English geführt wird, dann hat man es mit dem sogenannten »Bongo-Talk« zu tun, den manche Nachfahren der von den britischen Jungferninseln stammenden »cocolos« noch heute sprechen. Den Platz säumen einige prächtige viktorianische und neoklassizistische Gebäude aus der Zeit des Zuckerbooms, darunter das Postgebäude Correos y Telecomunicaciones und das ehemalige Parlament.

Restaurants

€ | Robby Mar Sehr gutes Seafood in Rufweite der Kathedrale und der Flussmündung. ■ Avenida Francisco Dominguez Charro 35, Tel. 809/529 49 26, tgl. 10–24 Uhr

Erlebnisse

Tanz der Guloyas Die »cocolos« genannten afrokaribischen Zuckerarbeiter von den britischen Karibikinseln brachten Ende des 18. Jh. auch ihre Traditionen mit nach San Pedro. Zwischen dem 25. Dezember und der ersten Januarwoche sowie am 29. Juni, dem Tag des Patronatsfestes der Stadt, führen wild kostümierte »guloyas« in den Straßen von San Pedro ihre als »momises« bezeichneten afrikanisch inspirierten Tänze mit viel Trommelmusik vor. Dazu werden Legenden aus der mittelalterlichen englischen Literatur und Szenen aus der Bibel interpretiert. 2005 wurde das Spektakel von der UNESCO als Meisterwerk des mündlichen und immateriellen Erbes der Menschheit eingestuft. Ein einzigartiges Erlebnis!

In der Umgebung

Cueva de las Maravillas

| Tropfsteinhöhle |

6 *Die »Höhle der Wunder« ist eine faszinierende steinerne Galerie*

Die Felswände des riesigen Höhlensystems zwischen San Pedro de Macorís und La Romana zieren über 500 Piktogramme der indigenen Tainos, denen die Höhle als Zentrum für religiöse und Bestattungsrituale diente. Ein 850 m langer Weg – vorbei an eindrucksvollen Stalagmiten und Stalagtiten – ist gut beleuchtet, allerdings ein bisschen rutschig. Fotografieren nicht erlaubt! ■ Cumayasa, Tel. 809/390 81 81, www.cuevadelasmaravillas.com, Di–So 9–18 Uhr, Führung 45 Min., Eintritt 300 RD-$

6 La Romana

Zuckerstadt mit Flair und einem der luxuriösesten Resorts der Welt

Die Stadt erlebte ihre Blütezeit in den 1920er-Jahren, als kubanische Zuckerfabrikanten und etwas später die US-amerikanische Gulf & Western Company viel Land für die Zuckergewinnung erwarb. Aus dieser Zeit stammen die vielen hübschen bunten Holzhäuschen rund um die Avenida Libertad, die für Fabrikangestellte in höheren Positionen errichtet wurden. An der Ortseinfahrt der Avenida Liber-

Von Altos de Chavón hat man einen schönen Blick auf das Tal des Río Chavón

tad fällt ein mit Szenen aus der dominikanischen Geschichte bemalter Obelisk südlich des Parque Central ins Auge.

Erlebnisse

Rancho Cumayasa Die Pferdefarm organisiert Ausritte an der Mündung des Río Cumayasa, auch kombiniert mit einem Badeausflug auf die Isla Catalina und einer Bootsfahrt auf dem Fluss. Übernachtung in rustikalen Bungalows. ■ Carretera San Pedro, La Romana, Tel. 809/710 07 45, excursiones parati@gmail.com

In der Umgebung

Isla Catalina

| Insel |

Vom kleinen Hafen am Río Romana und von Boca de Chavón aus erreicht man die beliebte Isla Catalina per Boot in 20 Minuten. In der Wintersaison besuchen auch Kreuzfahrtpassagiere die Insel gern; dementsprechend viele Snackbars und Andenkenläden gibt es hier. Die smaragdgrüne Insel besitzt feinsandige Palmenstrände und hervorragende Tauchgründe an den vorgelagerten Riffen, die mit Glasbodenbooten angelaufen werden. Oft folgen freundliche Delfine den Booten, und im Winter tummeln sich hier auch Buckelwale.

7 Casa de Campo

Refugium der High Society mit einem berühmten Golfplatz

Die 30 000 ha große exklusive Hotel- und Ferienanlage gilt als eine der luxuriösesten der Karibik und besitzt ihren eigenen internationalen Flughafen. Eine Übernachtung kostet bis zu tausend Dollar, die Gäste fliegen oft mit Learjet oder Helikopter ein, wohnen in Privatvillen oder in Luxussuiten mit Maid- und Butlerservice, schlagen Birdies auf drei 18-Loch-Golfplätzen, und die ganz Reichen spielen Polo auf dem Rücken von Rassepferden aus indischer Maharadscha-Zucht. Charles Bluhdorn, der exzentrische Boss der Gulf & Western Company, hatte sich hier in den Sechzigerjahren ein exklusives Feriendomizil spendiert, das zur Spielwiese des internationalen Jetset werden sollte. So machte Casa de Campo zum Beispiel mit der spektakulären Hochzeit zwischen Michael Jackson und Priscilla Presley von sich reden. Heute ist Beyonce ein besonders häufiger Gast. Der berühmte dominikanische Designer Oscar de la Renta sorgte für die Innenausstattung der meisten Villen.

Gefällt Ihnen das?

Die Dominikanische Republik zählt zu den Topzielen weltberühmter Golfer. Viele **Golfplätze** wurden von Koryphäen wie Pete Dye, Gary Player, Nick Faldo und Jack Nicklaus angelegt, einige Löcher befinden sich in spektakulärer Lage direkt am Meer. Weltberühmt ist »Teeth of the Dog« in Casa del Campo. Zu den Spitzenclubs des Landes gehören außerdem »The Cocotal Golf & Country Club« in Bávaro, »La Cana Golf« und »Corales Golf Club« in Punta Cana, der »Playa Grande Golf Course« in Río San Juan und der »Playa Dorada Golf Course« bei Puerto Plata.

8 Altos de Chavón

2 *Mediterranes Künstlerdorf aus Korallenstein mit buntem Stilmix*

Hoch über dem Ufer des Río Chavón ließ Charles Bluhdorn 1974 ein Künstlerdorf errichten. Das faszinierende Disneyland der Architektur entwarf der dominikanische Architekt Tony Caro: eine detailgetreue Rekonstruktion eines Dorfes im Stil des 16. Jh. mit Kalksteinfassaden, Kopfsteinpflaster und einer Kirche. Selbst an ein Amphitheater im antiken Stil hat man gedacht. Es bietet 5000 Zuschauern Platz. Sogar Placido Domingo hat hier schon gesungen.

Amüsiert betrachtet man die verblüffenden Stilmischungen, wenn vor der Dorfkirche San Estanislao mit romanischem Portal und gotischer Fensterrose fernöstlich gedrechselte Pagodensäulen stehen oder der Baustil der Häuser sich nicht zwischen italienisch-ligurisch und zentralkastilisch entscheiden kann. Läden und Galerien bieten Werke einheimischer Künstler an. Auch eine Kunstschule mit Studenten aus aller Welt wurde eingerichtet. Höhepunkt des Besuchs ist der Blick hinunter in das palmengesäumte Flusstal des Chavón, auf dem die Miniaturausgabe eines Mississippi-Schaufelraddampfers gemächlich entlangtuckert.

Sehenswert

Museo Arqueológico Regional
| Museum |
Das exzellente Museum hinter der Kirche präsentiert didaktisch vorbildhaft die vielleicht beste Sammlung prähispanischer Kunst des Landes.

Zusammengetragen hat sie der Archäologe Don Samuel Pion. Der Raum mit Taino-Kunst fasziniert besonders. ■ Tel. 809/5238554, www.casadecampo.com.do/experiences/altos-de-chavon, tgl. 9–20.30 Uhr, 100 RD-$

Restaurants

€€ | La Piazetta Charmantes Lokal mit Terrasse und authentischer italienischer Cucina. ■ Tel. 809/5233165, in der Hochsaison tgl. 12–15, 18–11 Uhr

Kneipen, Bars und Clubs

Living Room Lounge-Bar mit gemütlichen Sofas und Hängematten auf einer fantastischen Terrasse oberhalb des Río Chavón. Abwechslungsreiche Abendunterhaltung. ■ Mi–So ab 18 Uhr

9 Bayahibe

7 *Die Hochburg des Individualtourismus zieht auch viele Taucher an*

Das malerische Fischerdorf mit seinem kilometerlangen Palmenstrand an einer Bucht mit türkisfarbenem Wasser galt lange als Geheimtipp des Individualtourismus. Heute scheint sich fast jedes der »casas típicas« genannten, farbenfroh gestrichenen Holzhäuschen in eine Pension oder ein Restaurant verwandelt zu haben. So herrscht hier ein freundlicher Mix aus alternativem Tourismus und dörflichem Gemeinschaftsleben. Noch immer werfen die Hähne Einheimische wie Urlauber frühmorgens aus dem Bett, lange bevor die Tagesausflügler aus Punta Cana eintreffen. Sehenswert sind die schöne

Die Dorfkirche San Estanislao in Altos de Chavón zeigt einen bunten Stilmix

Im Blickpunkt

Bittersüßer Zucker

In der Dominikanischen Republik kam die Zuckerproduktion erst Ende des 19. Jh. in Schwung, als viele Pflanzer vor den Unabhängigkeitskriegen auf Kuba nach Hispaniola flüchteten. Doch das Schneiden und die Verarbeitung des Zuckerrohrs zählt zu den härtesten Arbeiten, die man sich vorstellen kann. Das Zuckerrohr musste abgebrannt und dann in glühender Sonne mit der Machete kurz über dem Boden abgeschlagen werden. In unerträglicher Hitze wurde dann in den Siedehäusern der Zuckersirup gewonnen. Kein Europäer hätte freiwillig diese Arbeit gemacht. Explosionsartig stieg daher der Bedarf an Zuckerrohrarbeitern, und man holte Haitianer sowie ehemalige Sklaven von den britischen Jungferninseln, die »cocolos«, ins Land. »Tanz der Millionen« nannte man die kurze Blütezeit an der Ostküste des Landes, als nach dem Ausbruch des Ersten Weltkriegs die Zuckerpreise in die Höhe schossen. Doch schon in den 1920er-Jahren ebbte der Boom ab, und viele kleine Pflanzer mussten aufgeben. Heute ist fast der gesamte Anbau in staatlicher Hand. Der schamlosen Ausbeutung der haitianischen Wanderarbeiter hat dies keinen Abbruch getan. Zwischen den wogenden Zuckerrohrfeldern kann man ihre armseligen Siedlungen, die »bateyes«, entdecken. Viele von ihnen trösten sich mit Voodoo-Trommeln und billigem Rum, dem »Abfallprodukt« des Zuckerrohrs, über ihre Misere hinweg.

Pfarrkirche Parroquia Divina Pastora und nebenan ein Garten, in dem die seltene Kakteenrose (*Pereskia quisqueyana*) blüht, die Nationalblume von Hispaniola. Bayahibe ist ein beliebtes Standquartier für Taucher, die von den lokalen Riffen und Schiffswracks schwärmen. Von Bayahibe legen täglich Tauch- und Touristenboote ab, die zum Nationalpark Isla Saona fahren. Daher ist es hier tagsüber eher ruhig, abends wird dafür in den Bars und Diskotheken umso heftiger gefeiert. Und wegen der Südwestlage zählen die Sonnenuntergänge zu den schönsten des Landes.

Restaurants

€ | **El Dorado** Sehr gutes Seafood und frisch gepresste Fruchtsäfte in relaxter Atmosphäre an einem sehr schönen Strandabschnitt. ■ La Bahía, Tel. 809/214 87 92, tgl. 11–23 Uhr

€€ | **Capitán Kidd** Piratendekor und italienische Spezialitäten direkt am abends mit Fackeln erleuchteten Strand, dazu ein fabelhafter Sonnenuntergang. ■ La Bahía, Tel. 849/350 19 77, tgl. 11–23 Uhr

Kneipen, Bars und Clubs

Café Saona Hier trifft sich abends der halbe Ort zu leckeren Cocktails bei viel Musik. ■ Calle Principal, Tel. 809/349 51 64, www.saonacafe.com, Di–So 10–24 Uhr, Fr, Sa bis 2 Uhr

Sport

Casa Daniel Der Tauchclub (PADI) unter Schweizer Leitung organisiert Ausflüge zu den Korallengärten mit absichtlich versenktem Wrack der »St.

Die Strände auf der Isla Saona – wie hier in Mano Juan – gleichen einer Postkartenidylle

George« in 44 m Tiefe vor dem Dominicus Wyndham Hotel sowie zu den Inseln Catalina und Saona. ■ Juan Brito, esq. La Bahía, Tel. 809/8330083, www.casa-daniel.com

Erlebnis

Seavis Tours Die Ausflüge des ökofreundlichen Veranstalters zur Isla Saona halten sich vom Rummel fern. Besonders schön ist der Aufenthalt am Canto de la Playa, einem am Nachmittag völlig einsamen Traumstrand. Organisiert auch Wanderungen auf dem Urwaldtrail Sendero del Padre Nuestro im Parque Nacional Cotubanamá, auf denen man Höhlen mit Süßwasserquellen und Petroglyphen der Tainos erforscht. Die Touren sind nur online zu buchen und daher um einiges günstiger als die Angebote der Resorts. ■ Calle Eladia 4, Bayahibe, Tel. 829/7144947, www.seavisbayahibe.com

10 Isla Saona und Parque Nacional Cotubanamá

3 *Trauminsel mit herrlichen Stränden, Höhlen und Urwaldpfaden*

Katamarane und Schnellboote steuern von Bayahibe oder Punta Cana die im Parque Nacional Cotubanamá gelegene, 117 km² große Insel Saona an. Die zweistündige Bootsfahrt – mit Zwischenstopp an der »Piscina natural«, einer unter Wasser liegenden Sandbank in der Meerenge mit zahlreichen Seesternen – führt vorbei an unberührten Stränden und Mangrovenwäldern. Individualisten lassen sich von Bayahibe mit einem kleinen Speedboot (5500 RD-$ für zwei Personen, im Ort nach Capitán Nicola fragen) zum Hauptort Mano Juan mit seinen vielen bunten Häusern übersetzen. Von kleinen motorisierten Fischerbooten

Boca de Yuma liegt oberhalb der Mündung des Río Yuma auf einer Felsklippe

kann man sich in die entlegeneren Dörfer schippern lassen. Auf längeren Wanderungen badet man an wirklich einsamen, magisch schönen Stränden wie Canto de la Playa und bekommt Pelikane, Prachtfregattvögel, Tümmler und Seekühe zu Gesicht. Mückenschutz nicht vergessen!

11 Boca de Yuma

Charmantes Hafendörfchen mit einem der ältesten Gebäude der Neuen Welt

Von diesem kleinen Hafen brach Juan Ponce de León 1508 zu seiner Eroberung der östlichen Nachbarinsel Borinquén (heute Puerto Rico) und zu seiner Entdeckungsfahrt nach Florida auf. Die Casa Fuerte de Ponce de León, ein quadratisches, festungsartiges Wohnhaus, das sich der Konquistador 1505–06 errichten ließ, liegt einige Kilometer nördlich völlig einsam in der Landschaft bei San Rafael de Yuma und ist über einen von der Straße nach Boca de Yuma abzweigenden Feldweg zu erreichen. Man kann sich das Haus vom Wärter aufschließen lassen, um das Mobiliar und die Rüstungen und Waffen aus frühkolonialer Zeit zu besichtigen (Di–So 9–17, Eintritt 100 RD-$).

Der charmante, nach der Verwüstung durch Hurrikan Georges (1998) mit bunten Häusern wieder aufgebaute Fischerort Boca de Yuma selbst liegt an einer malerischen Bucht auf einem ins Meer ragenden Felsen. An der Felsküste gibt es einige Karsthöhlen, die man nur mit Führer erkunden kann. Den schönen Strand auf der anderen Seite der Flussmündung erreicht man mit »yolas« genannten Booten.

12 Higüey

In dem berühmten Wallfahrtsort befindet sich eine riesige Basilika aus Beton

Die heutige Hauptstadt der Provinz La Altagracia wurde 1504 von Nicolás de Ovando gegründet und unter Juan Ponce de León, der Puerto Rico eroberte, besiedelt. Der Name der Stadt bedeutet in der Taino-Sprache »Sonne«. Zwischen 1567 und 1571 errichtete man für ein aus Spanien stammendes Gnadenbild der Nuestra Señora de Altagracia eine spätgotische Kirche. Die Madonna soll in der Schlacht von Limonada am 21. Januar 1691 den Spaniern zum Sieg über die Franzosen verholfen haben: Seit dieser Zeit entwickelte sich Higüey zu einem Wallfahrtszentrum.

Sehenswert

Basílica Nuestra Señora de la Altagracia

| Kirche |

1954 legte man den Grundstein zu einer Kirche, deren von mächtigen parabelförmigen Spannbetonbögen geprägte Architektur – konzipiert von den Franzosen A. J. Dunoyer de Segonzac und Pierre Dupré – nichts Vergleichbares hat. 1968 setzte man die herrlichen, im französischen Chartres geschaffenen Glasfenster ein. 1971 wurde das Bauwerk eingeweiht und zu Kathedrale, Basilika und Nationalmonument erklärt. Der 80 m hohe Turmbogen des hurrikanfesten Stahlbetonbaus ist aus vielen Kilometern Entfernung zu sehen. Das Glockenspiel ist das größte seiner Art in ganz Amerika. Eine von überdachten Kolonnaden gesäumte große Allee führt zum Eingangsportal der Kirche, das mit Kupferplatten verkleidet ist, die Szenen der Marienverehrung in Higüey darstellen. Das in mystisches Dämmerlicht gehüllte Innere birgt das berühmte Marienbild.

Iglesia de San Dionisio

| Kirche |

Die alte Kathedrale aus dem 16. Jh. präsentiert sich in schlichter weißer Bemalung. Ihre Ausstattung zeigt einige Stilbrüche, ist aber durchaus sehenswert, besonders der mit Blattgold überzogene Holzaltar und der Azulejo-Schmuck.

ADAC Mittendrin

Am 21. Januar, dem Patronatsfest, findet in Higüey die größte **Wallfahrt** der Dominikanischen Republik statt. Tausende von Pilgern, auch aus Haiti, besuchen dann die verehrte **Jungfrau von Altagracia**, und die ganze Stadt wird zu einem großen Marktplatz. Die Wallfahrt ist eine faszinierende Gelegenheit, hautnah authentische ausgelassene Volksfrömmigkeit zu erleben, in die sich auch Elemente des Voodoo-Kults mischen. Abends verwandeln sich die Straßen in Partyzonen mit viel Musik.

13 Costa del Coco: Punta Cana und Playa Bávaro

Traumstrände an der malerischen Kokosküste – all inclusive

Die über 40 km lange Kokosküste ist eine Hochburg des All-inclusive-Tourismus. 6 Millionen Menschen baden, surfen, segeln, boarden, golfen und tauchen hier jedes Jahr. Schon bald sollen es 10 Millionen sein, denn demnächst sollen auch Linienmaschinen aus den Emiraten und China den 1980 eröffneten Flughafen direkt ansteuern. Inzwischen erreicht man Punta Cana von Santo Domingo in gut zwei Stunden auf einer Schnellstraße. Angefangen hat alles vor 40 Jahren, mit einem damals völlig einsam gelegenen Club Med.

Kristallklares türkisfarbenes Meer spült an blendend weiße Puderzuckerstrände, die im Schatten rauschender Kokospalmen liegen. Wer in den meist luxuriösen riesigen Ferienanlagen absteigt, hat meist alles schon daheim bezahlt: die Buffets, die Drinks und das riesige Sportangebot. Punta Cana, das bedeutet meist zwei Wochen Schlemmen, Baden und Tanzen. Die Resorts organisieren eine breite Palette von Ausflügen. Clevere Urlauber tun sich zusammen und mieten einfach ein Taxi für ihre Exkursionen, das ist pro Person günstiger.

Punta Cana heißt der Küstenabschnitt südlich des gleichnamigen internationalen Flughafens. Noch weiter südlich nimmt Cap Cana, ein exklusives Feriengebiet mit Luxusmarina an der Playa Juanillo, Gestalt an. Der Strandabschnitt nördlich des Flughafens heißt Bávaro. Hier reiht sich Resort an Resort. Dazwischen liegen die Refugien des Individualtourismus: Los Corales und Cortecito. Hier schläft und isst man günstiger und amüsiert sich in Bars und Tanzschuppen, die auch Einheimische frequentieren.

Restaurants

€€ | Capitán Cook Top Seafood, der frische Fang wird nach Gewicht be-

Punta Cana ist ein Urlaubsparadies mit kilometerlangen weißen Sandstränden

rechnet. Viel einheimisches Publikum. ■ Playa Cortecito, Tel. 809/5520645, capitancook@live.com, tgl. 12–23 Uhr

€€ | **Wacamole** Schmackhafte mexikanische Küche, sehr gute Margaritas, relaxte Terrasse. Mittwoch ist der beste Tag. Auch Livemusik. ■ Los Corales, hinter Playa Turquesa, Calle Aruba, Tel. 829/7501777, tgl. 11–2 Uhr

8 €€€ | **Bachata Rosa** Das Lokal ist eine Kreation des berühmten Sängers Juan Luis Guerra. Schon das Design, ein Tribut an das dominikanische Landleben, ist eine sinnliche Erfahrung. In den offenen Küchen wird dominikanische und lateinamerikanische Fusionsküche vom Feinsten zubereitet. Abends Livemusik. ■ BlueMall Punta Cana, Boulevard Turistico, esq. Carretera Juanillo, Tel. 809/7844047, bachatarosapc@gmail.com, tgl. 12–2 Uhr, lange im Voraus reservieren!

Kneipen, Bars und Clubs

Coco Bongo Show & Disco Mischung aus Topclub und Las-Vegas-Show. ■ Punta Cana, Av. Barceló, Tel. 809/466 1111, www.cocobongo.com.do, Do–So 21–4 Uhr, Eintritt ab 4000 RD-$

El Kan Drinks House Momentan in der rasant wechselnden Clubszene angesagt. Guter DJ, freundliches Publikum. ■ Carretera Bávaro Veron, Tel. 809/7621200, tgl. 6–4 Uhr

Imagine Club Techno, R&B und Merengue in zwei Kammern einer Tropfsteinhöhle. Sehr feierwütiges Publikum. ■ Cruce Carretera Coco Loco, www.imaginepuntacana.com, Di–So 11–4 Uhr, Eintritt ab 1700 RD-$

Soles Chill Out Bar Schicker Beachclub mit Lounge-Sofas und Tischen direkt auf dem Strand. Ein DJ legt den ganzen Tag über Elektromusik auf. ■ Playa Los Corales, Tel. 809/9104371, solesbar@gmail.com, tgl. 10–2 Uhr

Kinder

Aqua Park Spaß und Action in der Lagune von Cabeza de Toro: Wasserrutschen, Wake-, Paddle- und Flyboarding. ■ Carretera Veron-Bávaro Km 38, Tel. 829/7601076, www.aquaparkdr.com, tgl. 11–18 Uhr, rabattierte Tagestickets im Internet ab 2800 RD-$

Bávaro Adventure Park Adrenalinkicks mit Ziplining, Reiten, Mountainbiken und Buggytouren. ■ Entrada Boulevard Turístico Km 8,5, Tel. 809/ 9333040, www.bavaroadventurepark.com, tgl. 8–18 Uhr, Kombiangebote ab ca. 5000 RD-$, Kinder (6–12 Jahre) die Hälfte

Sport

SeaPro Divers Tauchkurse (PADI) sowie Tauch- und Schnorchelausflüge zu den Inseln Saona und Catilina. ■ Los Corales, neben dem Barceló Dominican, Tel. 809/7543632, www.seaprodivers.com, 5500 RD-$ für 2 Tauchgänge

Einkaufen

BlueMall Neues schickes Einkaufszentrum mit Designerboutiquen und Food Court. ■ Boulevard Turístico, esq. Carretera Juanillo, Tel. 809/9590900, Mo–Sa 10–22, So bis 20 Uhr

14 Macao und Uvero Alto

4 *Tropische Strandidylle zwischen Klippen und Kokospalmen*

Sogar die UNESCO hat die von Klippen gesäumte Playa Macao nördlich von

Die Playa Macao ist rundum von malerischen Felsen begrenzt

Bávaro zu einem der besten Strände der Karibik erklärt: Vom Küstenhügel schweift der Blick über tiefblauen Ozean, Kokospalmen und goldgelben Sand. Kleine Seafood-Restaurants direkt am Strand verköstigen die Ausflügler. Bis vor Kurzem stand hier kein einziges Hotel. Inzwischen ist als erstes Resort das Dreams Macao Beach eröffnet worden. Badende sollten auf starke Strömungen gefasst sein. Weiter nördlich erstreckt sich der Surferstrand Playa Uvero Alto. Trotz einiger Resorts ist hier viel Platz für ausgedehnte romantische Spaziergänge.

Sport

Macao Surf Camp Die Playa Macao und die sich nördlich anschließende Playa Uvero Alto sind Hochburgen der Surfer und Kitesurfer. Das Camp verleiht die nötige Ausrüstung und bietet Kurse an (6500 RD-$/2 Std.). ■ Uvero Alto, Tel. 809/430 9017, www.macaosurfcamp.com

15 Costa Esmeralda

9 *Traumküste für Individualisten mit einsamen Stränden und Lagunen*

In dem beschaulichen Fischerdorf Miches an der noch fast völlig unverbauten Smaragdküste empfängt bisher nur ein Resort seine Gäste (S. 61). Es ist inzwischen von Punta Cana über eine anständige Straße zu erreichen. Noch einsamer wird es im östlich von Miches gelegenen Parque Nacional Lagunas Redonda y Limón, einem Mangrovenschutzgebiet mit zwei seichten Lagunen und der wildromantischen, oft menschenleeren Playa Limón. Hier trifft man auf Seekühe, Fischreiher und Meeresschildkröten.

16 Sabana de la Mar

Fährhafen an der Südküste der Bucht von Samaná

Vom kleinen verschlafenen Hafenstädtchen setzt eine etwas abenteuerliche Passagierfähre über nach Santa Bárbara de Samaná. Außerdem starten hier – wie auch in Sánchez und Samaná – Ausflüge in den Parque Nacional de los Haitises.

Erlebnis

Sabana Tour Organisiert Ausflüge in den Parque Nacional de los Haitises. ■ Paseo Ceseo 7, Tel. 809/868 4301, ca. 2000 RD-$ pro Person

17 Parque Nacional de los Haitises

5 *Märchenhafte Oase für seltene Tiere und Pflanzen*

»Ayti«, also »bergiges Land«, nannten die Taino diese einzigartige amphibische Karstlandschaft aus Inselchen und Höhlen, die der Regen über Jahrmillionen aus den Kalksteinfelsen ausgewaschen hat. Das 826 km² große Schutzgebiet an der Südküste der Bucht von Samaná prägen endlose Mangrovenwälder mit meterhohen Luftwurzeln und bizarre Felsformationen. Über 100 Vogelarten gibt es hier, darunter Fregattvögel, Reiher, Braunpelikane, Truthahngeier und Rosa Löffler. Die Höhlenwände der Cueva de la Linea und der Cueva de la Arena sind mit bemerkenswerten Piktogrammen und Petroglyphen der Siboney und Tainos verziert. Auf einem Bootsausflug bekommt man mit viel Glück seltene Rundschwanzseekühe (»manati«) zu Gesicht.

Landeinwärts erstreckt sich eine tief ausgewaschene Karstlandschaft mit bis zu 300 m hohen Kalkkegeln (»mogotes«) bis zu den Höhen der Cordillera Oriental. Dieses unwegsame Terrain – die Heimat seltener Tiere wie Leguane, Schlitzrüssler und Palmschwätzer – lernt man nur auf anstrengenden Wanderungen kennen. Wer sich keiner organisierten Führung anschließt, muss bei der Dirección Nacional de Parques in Sabana de la Mar, die auch Ausflüge arrangiert, eine Genehmigung für das Betreten des Nationalparks beantragen (grünes Gebäude am Parque Central, Tel. 809/556 73 33, Mo–Fr 8–18 Uhr).

Den Nationalpark Los Haitises prägen Höhlen, Inseln und Mangrovenwälder

Übernachten

Die Strandresorts sind in der Regel fest in der Hand der All-inclusive-Anlagen internationaler Touristikketten. Sie werden fast immer schon vor Antritt der Reise als Pauschalpaket gebucht. Spontane Buchungen an der Rezeption vor Ort sind meist sehr teuer. Reisebüros in Santo Domingo finden aber oft Spezialangebote für ein paar Tage, da auch betuchte Dominikaner sich inzwischen gern ein paar Tage Luxus gönnen. Und selbst für Individualisten ist mit bezahlbaren kleinen und manchmal sehr charmanten Hotels gesorgt.

Boca Chica 44

€ | **Hostal Batey** Freundliche, preiswerte und seriöse Unterkunft mit 10 komfortablen Zimmern, Wi-Fi, Pool und Jacuzzi. ■ Juanico García 35, Boca Chica, Tel. 809/523 59 86, www.hostalbatey.com

Juan Dolio 46

€ | **Fior di Loto** Die reizende und sehr kenntnisreiche Italienerin Mara Sandri leitet ein kleines Yogazentrum mit farbenfrohen, indisch dekorierten Zimmern in familiärer Atmosphäre. Im Angebot sind auch Sprachkurse und gute vegetarische Küche. Charmantes Personal. ■ Calle Central 517, Juan Dolio, Tel. 809/526 11 46, www.fiordilotohotels.com

€€€ | **Emotions Beach Resort** Sehr schönes, modernes und gepflegtes Boutiquehotel direkt am weißen Sandstrand. Drei Pools mit Lounges, Spa, fünf Restaurants, die u. a. dominikanische, italienische und Fusionsküche servieren, Billardraum und Tennisplätze. Anspruchsvolle buchen die Zimmer des Essential Club. ■ Boulevard Juan Dolio, Juan Dolio, Tel. 809/339 95 55, www.hodelpa.com

La Romana 48

€€ | **Hostal Silvestre** Topmodernes Hotel mit sehr komfortablen, geradezu luxuriösen, dabei aber verblüffend preiswerten klimatisierten Zimmern, ausgestattet mit TV-Flatscreen, Safe und Minibar. Schöner großer Pool. Die Diskothek wird am Wochenende viel frequentiert. ■ Calle 1ra., Reparto Torres, La Romana, Tel. 809/550 25 00, www.hostalsilvestre.com

€€€ | **Casa de Campo** Eines der renommiertesten Hotels in der gesamten Karibik mit höchstem Promifaktor. Eigene Marina, drei Golfplätze von Weltruf, sechs Restaurants, darunter La Caña mit Cocktail-Lounge an einem Pool mit Wasserfall. Der Hotelstrand Playa Minitas fällt allerdings recht klein aus. Die Preise der 173 Zimmer und 12 Suiten bewegen sich zwischen 16 000–32 000 RD-$ all inclusive. Man kann auch private Villen mieten. ■ Carretera La Romana, Tel. 809/523 33 33, www.casadecampo.com.do

Bayahibe 51

€–€€ | **Bayahibe Guest House** Freundliche weiße Villa mit Boutique-Appartements und sechs gemütlichen, sehr geschmackvoll eingerichteten Doppelzimmern, alle mit Regenduschen. Idyllische Gartenanlage mit Kolibris und vielen zwitschernden Vögeln. ■ Calle Los Manantiales 1, Bayahibe, Tel. 829/642 62 43, www.bayahibeguesthouse.com

€€ | **Whala!bayahíbe** Attraktives Resort mit drei großen Infinity-Pools direkt über den Klippen mit Treppe hinunter zum Strand. Die Doppelzimmer mit großem Balkon bieten einen herrlichen Panoramablick und allen modernen Komfort. Kostenloser Shuttle zum Dominicus Beach. ■ Corales la Magdalena, Dominicus, Bayahibe, Tel. 809/468 16 19, www.whalabayahibe.com

Boca de Yuma 54

€ | **El Viejo Pirata** Von einem italienisch-dominikanischen Paar geführtes hübsches, kleines Hotel mit acht Zimmern und Meerwasserpool, schlichtes italienisches Restaurant. ■ Proyecto 33, Boca de Yuma, Tel. 809/780 32 36

Costa del Coco: Punta Cana und Playa Bávaro 55

€€€ | **Barceló Bávaro Beach Resort** Eines der günstigsten All-inclusive-Resorts und sehr gut mitten in Los Corales am Strand gelegen. Sieben Restaurants, drei Buffets und drei Pools. Restaurants, Geschäfte und Nachtbars sind in wenigen Minuten zu Fuß zu erreichen. Eher junges Publikum. ■ Av. Alemania, Playa Bávaro, Punta Cana, Tel. 809/221 07 14, www.barcelo.com

€€€ | **Natura Park Eco Resort** Komfortable Zimmer und ein gelungenes Umweltkonzept. So wurden beim Bau nur lokale Materialien verwendet: Holz, Lehm, Stein und Palmwedel. Großer Strand, Tauchclub, riesige Poolanlage. ■ Carretera Cabeza de Toro, Punta Cana, Tel. 809/221 26 26, www.blaunaturapark.com

Macao und Uvero Alto 57

€€€ | **Excellence Punta Cana** Fünf-Sterne-Resort für Romantiker an einem endlosen Surferstrand. Zimmer mit Marmorbad, Jacuzzi und Regendusche. Sehr attraktive Poollandschaft und Luxus-Spa. Trotz all-inclusive sehr gehobene Küche. ■ Playa Uvero Alto, Tel. 809/685 98 80, www.excellenceresorts.com

Miches 58

€ | **Hotel La Cueva** Einfaches, aber unlängst renoviertes kleines Hotel für Robinsonfans an der traumhaften Playa Limón. Organisiert Ausritte und Fahrten mit Quad Bikes. ■ Playa Limón, Miches, Tel. 809/519 52 71, facebook.com/rancholacueva

Barceló Bávaro Beach Resort: bester Komfort zu günstigen Preisen

Rund um die Halbinsel Samaná

Endlose Palmenstrände, traumhafte Urwaldbuchten, Wasserfälle und Wale – die Halbinsel hat viele Highlights zu bieten

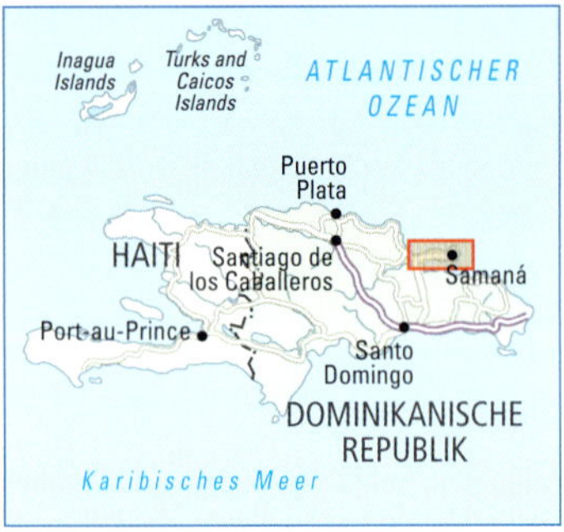

Auf seiner ersten Entdeckungsreise betrat Kolumbus am 12. Januar 1493 den Boden der heutigen Halbinsel Samaná, die zu dieser Zeit zum Herrschaftsbereich des Kaziken Guarionex gehörte. Die Spanier wurden von Ciguayo-Indianern empfangen, die Kolumbus für Kariben hielt. Diese erwiesen sich als weit weniger friedfertig als die Taino und überschütteten die Spanier – wie Kolumbus in seinem Bordbuch geradezu empört notierte – mit einem Pfeilhagel. Daher nannte Kolumbus die Bucht von Samaná »Golfo de las Flechas«, die »Bucht der Pfeile«.

Es gibt hier ja auch viel zu verteidigen: die letzten großen Regenwälder Hispaniolas, in denen kühle Wasserfälle rauschen, einsame Buchten mit Puderzuckerstränden, die mit kristallklarem, türkisfarben schillerndem Wasser und smaragdgrünem Palmenvorhang alle Karibikklischees erfüllen, und natürlich die Buckelwale. Die faszinierenden Meeressäuger ziehen in den Wintermonaten in die Bucht von Samaná, um dort ihr einzigartiges Balzritual zu inszenieren und ihre Kälber zu säugen, bis diese bereit sind für die lange Reise zurück in die Arktis. Die Urlauberhochburg Las Terrenas wartet mit Hotels und Pensionen aller Kategorien, vorzüglichen Restaurants und einem ziemlich abgefahrenen Nightlife auf. Las Galeras gibt sich um einiges ruhiger. Die Traumstrände der Umgebung sind mit Worten kaum adäquat zu beschreiben.

In diesem Kapitel:

ADAC Top Tipps:

6 Salto El Limón
| Wasserfall |
Schon die Wanderung oder der Ritt durch den Urwald zu den vielleicht schönsten Kaskaden des Landes ist ein Erlebnis. Als Belohnung wartet ein Bad im kühlen smaragdgrünen Wasserbecken. 67

7 **Playa Rincón**
| Strand |
Immer wieder küren Reisezeitschriften diese von mächtigen Felsen eingerahmte Traumbucht zu einem der besten Strände der Karibik. 72

ADAC Empfehlungen:

10 **Haitian Caraibes Art Gallery, Las Terrenas**
| Galerie |
Die Galerie des Franzosen Claude Lachamp führt hochwertige Malerei der besten Künstler Haitis, die nichts mit den Kitschgemälden gemein hat, die am Straßenrand verkauft werden. 66

11 **Whale Samana**
| Walbeobachtung |
Die kanadische Biologin Kim Beddall organisiert die besten und tierfreundlichsten Bootsausflüge in die Bucht von Samaná zu den Buckelwalen. 69

12 **El Monte Azul, Las Galeras**
| Restaurant |
Die grandiose Lage auf einem steilen Hügel mit Blick auf zwei Meeresbuchten lohnt allein schon die holprige Anfahrt, doch auch Küche und Cocktails sind ein Gedicht. 71

Die »Fischerhauszeile« in Las Terrenas lädt zum Essen und Shoppen ein

18 Sánchez

Verschlafener Fischerhafen mit schönen viktorianischen Häuschen

Von diesem einst blühenden Seehafen, der Zucker, Früchte und Tabak exportierte, führte die einzige Eisenbahnverbindung der Dominikanischen Republik in den Cibao. Vom Reichtum der Jahrhundertwende zeugen noch viele hübsche Holzhäuser im viktorianischen Stil. Heute ist Sánchez ein in tropischer Lethargie versunkener kleiner Fischerhafen, in dem Touristen ausschließlich haltmachen, um einen Bootsausflug in den Nationalpark Los Haitises (S. 59) mit Amilka Tours zu unternehmen (Colón 15, Tel. 809/5527664, Abfahrt 9 Uhr). Von Sánchez führt die Serpentinenstraße nach Las Terrenas zu spektakulären Aussichtspunkten, von denen man gleichzeitig im Norden die palmengesäumte Atlantikküste und im Süden die Bucht von Samaná erblickt.

19 Las Terrenas

Hochburg des Individualtourismus an der Atlantikküste

Information

- Tourist Information, Kiosk eines Reisebüros an der Calle Principal, gegenüber der Scotia Bank. Vermietet auch Scooter und Mopeds. Tel. 809/5710250, tgl. 9–18 Uhr

Das Fischerdorf an der Nordküste der Halbinsel Samaná hat sich zu einem schicken Zentrum für Individualurlauber mit multikulturellem Flair entwickelt. Seitdem die Schnellstraße »Boulevard Turístico del Atlántico« die

Anreise von Santo Domingo entscheidend verkürzt, boomt der Ort regelrecht. Zahlreiche Hotels, Pensionen, Restaurants, Nightclubs und Geschäfte mit europäischen Delikatessen kümmern sich um das Wohl der Gäste, wobei die Franzosen hier sichtbar den Ton angeben. Viele Langzeitgäste haben sich in weißgetünchte Wohnanlagen eingekauft, die das grüne Hinterland sprenkeln. Bonbonfarbene Holzhäuser, die nach dem Brand von 2012 wieder aufgebaut wurden, prägen die sich westlich an die Hauptstraße anschließende sog. Fischerhauszeile »Pueblo de los Pescadores« mit romantischen Lokalen und Nobelboutiquen. Riffe schützen die weitläufigen, von schwankenden Kokospalmen und Meertraubenbäumen gesäumten, feinsandigen Badestrände. Während am Hauptstrand Playa Terrenas am Wochenende auch viele Einheimische für ausgelassene Partyatmosphäre sorgen, wird es weiter außerhalb schnell ruhiger. Im Osten hat sich an der Playa El Portillo ein All-inclusive-Resort etabliert.

Restaurants

€€ | **18 El Dieciocho** Kleines Restaurant in Strandnähe mit exzellenter mediterraner Küche und sehr feinen Cocktails. ■ Beach Garden Plaza, Tel. 829/578 54 51, www.el18lasterrenas.com, Di–So 17–23 Uhr

€€ | **El Lugar** Elegantes, aber dennoch relaxtes Restaurant eines Belgiers, der hier eine wirklich raffinierte und innovative Küche zu zivilen Preisen auftischt. Butterweiches Black-Angus-Filet, tolle Nachspeisen. ■ Av. Juan Pablo Duarte, Tel. 849/248 25 80, Mi–Mo 12–24 Uhr

€€ | **Le Tre Caravelle** Der wohl beste Italiener. Unter der großen Pergola und im kleinen weißen Speiseraum werden fabelhafte Pastagerichte mit Seafood und ein himmlisches Risotto serviert. ■ Av. 27 de Febrero, Tel. 809/240 51 88, Do–Di 12–23 Uhr

ADAC Mobil

Nur recht wenige **Charterflugzeuge**, hauptsächlich aus Kanada, landen derzeit auf dem Internationalen Flughafen El Catey 13 km westlich von Sánchez. Moderne **Expressbusse** fahren von Santo Domingo in 2 Std. nach Sánchez und in 2,5 Std. nach Las Terrenas bzw. Samaná, von dort jeweils Busverbindung mit Las Galeras. **Private Kleinbusse** fahren von Las Terrenas die Bernsteinküste entlang nach Cabarete, Sosúa und Puerto Plata (3–4 Std.). Zwischen Sabana de la Mar und Samaná verkehrt eine kleine unzuverlässige **Autofähre**.

Kneipen, Bars und Clubs

Gaia Nightclub Schicker dreistöckiger Nachtclub. ■ Pueblo de los Pescadores, Tel. 809/240 51 33, tgl. 19–5 Uhr, vor Mitternacht und unter der Woche wenig los, Eintritt 500 RD-$

La Bodega Bar Offener Dancefloor mit professionellen Merengue- und Bachata-Tänzern, Lounge und große Bar. Die besten Nächte sind Do bis Sa. ■ Calle 27 de Febrero, esq. Duarte, Mi–So 9–2 Uhr

Replay Der beste Beachclub in der Ausgehzone, gegenüber dem Gaia Nightclub. ■ Pueblo de los Pescadores, Tel. 829/717 12 93, Do–So 9–3 Uhr

Einkaufen

(10) Haitian Caraibes Art Gallery Der kunstverständige Franzose Claude Lachamp verkauft authentische »naive« haitianische Malerei fernab der üblichen Kitschgemälde. Die Bilder von Prosper Pierre Louis, Prefete Duffaut, Calix Henry und Yordan Dabady sind ihren Preis absolut wert. ■ Duarte 159 (gegenüber der Einkaufspassage Paseo de la Costanera), Tel. 809/240 62 50, Mo–Sa 9–13, 16–20 Uhr

Nativ'Arte Sehr schönes Kunsthandwerk aus dem gesamten Land, darunter handgewebte Strandtaschen und Repliken von Götterfiguren der Tainos. ■ Duarte 270, Tel. 829/2623406, Mo–Sa 9–19, So bis 1 Uhr

Sport

By Bolivar Escuela de Baile Private Tanzkurse in Bachata, Merengue, Cha-Cha-Cha und Salsa für Singles und Pärchen. ■ Calle Duarte 137, Tel. 809/9779938, www.bybolivardanceschool.com

Cap Caraïbes Spezialisiert auf ganztägige Schnorchelausflüge mit Katamaran zu einsamen Stränden und einer Sandbank bei Puerto Escondido, mit üppigem Beach Barbecue. ■ Playa Las Ballenas, Tel. 829/7079298, johnnygodin49@gmail.com, pro Person 4000 RD-$

Carolina Surf School Unterricht und Ausrüstung für Kitesurfer und Stand-up-Paddler. ■ Playa Bonita, im Hotel Acaya, Tel. 809/8825467, carolinasurfschool@gmail.com, Unterricht 3000 RD-$/2 Std.

Flora Tours Offeriert u. a. Ausritte entlang der endlosen Playa Cosón. ■ Calle Duarte, Tel. 809/2405482, www.flora-tours.net, 3000 RD-$ pro Person für 90 Minuten

Las Terrenas Sailing Club Vermietet Kajaks und Hobie Cats und organisiert Segelkurse. ■ Playa Las Ballenas, Tel. 829/5803065, www.lasterrenassailing.com

The Dive Academy Tauchkurse (PADI und NAUI) und Tauchgänge zu mehreren Schiffswracks wie »The Dolfin«. ■ Beach Garden Plaza, Tel. 829/9069618, www.tdalasterrenas.com, 2 Tauchgänge 5000 RD-$

Die schöne Playa Bonita hält, was der Name verspricht

LT'Kitesurf Kurse und Boardverleih für Wind- und Kitesurfer am dafür idealen Strand von Punta Popy. ■ 27 de Febrero, Tel. 809/8015671, www.lasterrenas-kitesurf.com, Unterricht 16500 RD-$/6 Std., Ausrüstung 4000 RD-$/Tag

In der Umgebung

Playa Bonita und Playa Cosón
| Strände |

Der Postkartenstrand Playa Bonita, eine Domäne der Surfer, ist mit dem Motoconcho in wenigen Minuten zu erreichen. Hier ist noch etwas von der Idylle zu spüren, deretwegen Anfang der 1980er-Jahre die ersten Europäer nach Las Terrenas kamen. Das eklektische Hotel Atlantis war übrigens das Ergebnis des ersten deutschen Aussteigertraums in Las Terrenas. Allerdings scheiterten spätere Pläne des Verlegers Vito von Eichborn, das Haus zu einer Begegnungsstätte für Schriftsteller aus aller Welt zu machen. Hinter dem Hotel erstreckt sich die gut 8 km lange Playa Cosón, an der im Winter die Buckelwale vorbeiziehen und die sich seit Kolumbus' Zeiten nicht verändert hat. Vom Aussichtspunkt Mirador Cosón bietet sich ein traumhaftes Panorama der gesamten Küstenlandschaft.

20 Salto El Limón

6 *Vielleicht der schönste Wasserfall des Landes*

Über 50 m tief stürzen die Kaskaden des auch »Cascada de Limón« genannten Wasserfalls mitten im Regenwald über moosige Felsen in ein smaragdgrünes Wasserbecken, in dessen kühlem Wasser man baden kann. Mutige schwimmen durch den Wasservorhang, aber keinesfalls sollte man – wie manche Einheimische – von den Felsen springen! Im 14 km südöstlich von Las Terrenas gelegenen Ort El Limón, der über eine gute Straße zu erreichen ist, warten schon die Führer mit gutmütigen Pferden. Zu Fuß (gutes Schuhwerk erforderlich!) gelangt man von hier auf einem stellenweise matschigen Weg in einer guten Stunde zum Wasserfall. Dabei geht es teilweise durch dichten Regenwald, durch den viele bunte Vögel flattern, man durchwatet Flüsse und genießt traumhafte Aussichten.

Sport

Santi Rancho Der Spanier ist der beste und seriöseste Anbieter von Reitausflügen zum Wasserfall. Pferd und Mittagessen kosten etwa 1200 RD-$, dazu kommt das Trinkgeld für den Führer. Santi organisiert auch Canyoning entlang der neun Kaskaden des Río Limón (2000 RD-$). ■ El Limón, Tel. 829/342 99 76, www.cascadalimonsamana.com

In der Umgebung

Playa Moron
| Strand |
Östlich von El Limón führt eine nur mit Allradantrieb, Quad oder Motorrad zu befahrene Piste zu diesem herrlichen, aber nicht mehr ganz einsamen Strand mit goldgelbem Sand. Der östliche Abschnitt ist inzwischen für die Besitzer der auf der Landzunge errichteten Villen und deren Gäste reserviert. Weiterhin frei zugänglich ist der westliche Strandbereich. Das Angebot der Kinder vor Ort, gegen geringes Entgelt auf das Fahrzeug aufzupassen, sollte man annehmen. Entdecker kämpfen sich zu den benachbarten Robinsonstränden weiter östlich durch.

21 Santa Bárbara de Samaná

Zentrum des Buckelwaltourismus – besonders im Winter während der Paarungszeit

Kanarische Einwanderer gründeten 1756 die Stadt Santa Bárbara de Samaná. Der spanische König Ferdinand VI. hoffte damit, die französischen Bukaniere und Freibeuter auf der Isla de Tortuga (heute Haiti) in Schach

Durch dichten Regenwald kann man zu Fuß zum Salto El Limón gelangen

zu halten. Nach der haitianischen Invasion von 1822 siedelte Präsident Jean Pierre Boyer auf der Halbinsel an die 2000 entflohene schwarze Sklaven aus den USA und den Kleinen Antillen an. Ihre Nachkommen sprechen noch Pidgin-Englisch und sind in zahlreiche protestantische Glaubensgemeinschaften zersplittert. Der Voodoo-Glaube ist in den abgelegenen Dörfern des Regenwaldes noch sehr lebendig.

Die Stadt wurde 1946, mit Ausnahme der protestantischen Iglesia La Churcha (1823), durch einen Großbrand zerstört. Was wieder aufgebaut wurde, ist leider nicht sonderlich reizvoll. In die Gattung absurde Architektur könnte man eine lange Brücke einstufen, die drei Inselchen miteinander verbindet und bei einem Restaurant enden sollte, das niemals fertig wurde. Die vielen Touristen kommen hauptsächlich wegen der Buckelwale.

Restaurants

€€ | **La Mata Rosada** Spezialitäten des Hauses sind Fisch in Kokossauce und leckere Ceviche. ■ Malecón 5, Tel. 809/538 23 88, Do–Di 11–23 Uhr

€€ | **Taberna Mediterranea** Hier gibt es Tapas, Seafood, Steaks und Wein mit Blick auf die belebte Uferpromenade. ■ Malecón 1, Tel. 829/994 36 34, Di–So 11–23 Uhr

Erlebnis

Samana Zipline Etwas außerhalb der Stadt wurde im Dominican Tree House Village (tolles Hotel!) die beste Zipline des Landes installiert. Man saust über die grünen Hügel von El Valle und einen Wasserfall. ■ Am Weg zur Playa Rincón, Tel. 809/542 30 05, www.samanazipline.com, Mi–Mo 8–15 Uhr, Erwachsene 6000 RD-$, Kinder unter 12 Jahren 3000 RD-$

11 **Whale Samana** Die kanadische Biologin Kim Beddall widmet sich seit über 30 Jahren vor Ort dem Schutz der Buckelwale und achtet bei ihren Touren streng auf die Einhaltung der Vorschriften, um den Tieren Stress zu ersparen. ■ Av. la Marina, Tel. 809/538 24 94, www.whalesamana.com, Mitte Jan.–Ende März, 3500 RD-$

ADAC Mittendrin

Neben dem ab dem 4. Dezember begangenen Patronatsfest feiert Samaná im Februar einen bemerkenswerten **Karneval**. Man tanzt die »Bambula«, den Maskentanz «Oli Oli« und den erotischen »Chivo Florete«. Am Sonntag ziehen die Teufel mit ihren Peitschen und dem Tod aus, um die Kinder in Angst und Schrecken zu versetzen.

In der Umgebung

Cayo Levantado

| Insel |

Die Samaná vorgelagerte Insel Cayo Levantado wird oft »Bacardi-Insel« genannt, weil hier angeblich die bekannte Rumwerbung gedreht wurde – bezeichnenderweise mit Reggae-Musik. Mit ihren palmengesäumten, blendend weißen Sandstränden gilt sie als karibische Trauminsel par excellence, doch wird sie tagsüber von Bootsausflüglern förmlich überrannt. Wer im gleichnamigen Resort der Insel absteigt, lernt – vor allem morgens und abends – auch ihre ruhige Seite kennen.

Im Blickpunkt

Exkursion zu den Buckelwalen

Den Sommer verbringen Buckelwale in arktischen Gewässern, wo sie sich mit Krill und Plankton eine dicke Fettschicht anfressen. Zwischen Januar und März ziehen viele von ihnen in die Karibik, um sich zu paaren und in den warmen und geschützten flachen Gewässern vor Samaná zu kalben. Wer einmal erlebt hat, wie diese 15 m langen und 40 t schweren grauschwarzen Meeressäuger auf Freiersfüßen ihr »Meeresballett« aufführen, meterhoch aus dem Wasser schnellen, um gischtsprühend wieder abzutauchen, wird diesen Anblick nie wieder vergessen. Im warmen Wasser futtern sich die hellgrauen, 3 bis 4,5 m langen Kälber, die bei Geburt etwa eine Tonne wiegen, mit der nahrhaften Muttermilch ein schützendes Fettpolster an, damit sie später in den kalten nördlichen Gewässern überleben können. Immer wieder tauchen sie unter die Mutter, um den nächsten Strahl Milch aufzufangen.
Ein Teil der Bucht von Samaná und eine Zone rund um den 140 km der Küste vorgelagerten Korallenriffgürtel Banco de la Plata und Banco de la Navidad wurden zum Meeressäugerschutzgebiet »Santuario de Mamíferos Marinos« erklärt. Das kleine Walmuseum »Museo de la Ballena« der Schutzorganisation CEBSE in Samaná bereitet auf die Begegnung mit diesen faszinierenden Tieren vor (Av. la Marina, Mo–Sa 8–12, 14–16 Uhr).

Playa El Valle

| Strand |

Von der Straße nach Las Galeras zweigt kurz hinter Santa Bárbara de Samaná links eine befestigte Straße ab und führt zu einem der wildesten Strände an der Nordküste. Baden ist aufgrund der Strömungen gefährlich, aber die Landschaft ist ein Traum. Bei Niedrigwasser kann man am äußersten westlichen Ende des Strandes in einem kleinen Naturbecken der Flussmündung baden. Hier haben sich bescheidene Öko-Unterkünfte angesiedelt.

22 Las Galeras

Traumstrände und chillige Atmosphäre am Ende der Welt

Nach wie vor herrscht in diesem charmanten Fischerdorf an der Ostspitze der Halbinsel mit seinen fabelhaften Strandbuchten ein sehr relaxtes Flair. Der Immobilienboom hält sich (noch) in Grenzen, ein buntes Völkchen aus Europäern und Kanadiern prägt den individualistischen Lebensstil. Alles spielt sich eigentlich entlang der Hauptstraße ab, die zur Playa Las Galeras führt. Attraktiver ist aber die kleinere schneeweiße Playita, die von hier zu Fuß in 10 Minuten zu erreichen ist. Neben einer großen All-inclusive-Anlage gibt es in Las Galeras hauptsächlich kleinere, freundliche Hotels und Pensionen.

Restaurants

€€ | **La Bodeguita** Sympathisches Dekor und leckere Küche, z. B. Tapas und Dorade in Kokosmilch. Freundliches Personal. ■ Calle Principal 3, Tel. 809/907 51 11, Mi–Mo 16–24 Uhr

Ein Ausritt am Strand ist ein ganz besonderes Erlebnis

12 €€€ | **El Monte Azul** Fabelhafte Lage auf einem steilen Hügel mit herrlichem Blick auf zwei Meeresbuchten. Im Winter kann man von hier sogar den Tanz der Wale verfolgen. Pierre und seine aus Laos stammende Frau Vanina tischen sehr feine französische und südostasiatische Gerichte auf. Romantiker kommen zum Sundowner. Man kann in diesem Adlernest auch übernachten. Unbedingt vorher reservieren! ■ La Guazuma, Loma del Monte Azul (7 km südöstl. von Las Galeras), Tel. 849/249 36 40, www.restaurantsamana-monteazul.com, Mo, Mi, Do 17–23, Fr–So auch 11–14 Uhr

Sport

Las Galeras Divers Tauchkurse (PADI) und Tauchausflüge zu den Spots Piedra Bonita und Puerto Malo sowie Höhlentauchen am Lago Dudú bei

Die Playa Rincón bei Las Galeras gilt als einer der schönsten Strände der Karibik

Cabrera. ■ Calle Principal, Plaza Lusitania, Tel. 809/715 41 11, www.las-galeras-divers.com, 2 Tauchgänge 5000 RD-$

Rudy's Rancho Reitausflüge (1 Std. bis 1 Tag) durch die wunderschöne Landschaft und am Strand. ■ La Caleta, Tel. 829/305 33 68, www.rudysrancho.com, 1200–4000 RD-$

In der Umgebung

Playa Rincón

| Strand |

7 *Die perfekte Palmenbucht ziert so manches Tourismusposter*

Mit Jeep, Taxiboot (10 Min.) oder zu Fuß (2 Std.) erreicht man – vorbei an der ebenfalls sehr attraktiven Playa Colorada – die von 600 m hohen Felsen eingerahmte Bucht mit dichtem Palmenvorhang westlich von Las Galeras. Sie zählt zu den zehn schönsten Stränden der Karibik. Im kristallklaren, türkis schillernden Flüsschen Caño Frío kann man ein erfrischendes Bad nehmen. Am Wochenende treffen sich hier die Einheimischen, und einige Kioske bieten an der Flussmündung Fischgerichte an. Vor Ort gibt es einen Kajakverleih.

Playa Madama und Playa Frontón

| Strände |

Östlich von Las Galeras liegen ebenfalls sehr malerische schöne Strände, darunter diese beiden, die auf einer geführten Rundwanderung (nicht allein unternehmen!) oder mit einem Taxiboot zu erreichen sind. Mächtige marmorartige Klippen rahmen die abgelegene Playa Frontón ein, deren Riff ein traumhaftes Revier für Schnorchler ist. Der perfekte Robinson-Strand.

Übernachten

Ob in der Urlauberhochburg Las Terrenas oder im eher abseits gelegenen Las Galeras – auf der Halbinsel Samaná kann man nicht nur in All-inclusive-Anlagen, sondern auch in attraktiven kleineren Hotels und Pensionen übernachten.

Las Terrenas 64

€€ | **Atlantis** Die weißen Pilzbungalows bieten individuell ausgestattete Zimmer. Exzellente französische Küche von Gérard, der früher im Elyséepalast bei François Mitterrand gearbeitet hat. ■ Punta Bonita, Tel. 809/240 61 11, www.hotel-atlantis-lasterrenas.com

€€–€€€ | **Clave Verde** Schicke Öko-lodge in den grünen Hügeln südöstlich von Las Terrenas. Man schläft in eleganten Villen oder komfortablen Holzhütten mit Veranda – traumhafter Blick über die Küste inklusive. Infinity-Pool, exzellente Küche. Zu Fuß erreicht man in etwa einer halben Stunde unberührte Strände. ■ La Barbacoa, Tel. 809/802 11 46, www.claveverde.com

Santa Bárbara de Samaná 68

€€€ | **Grand Bahía Principe Cayacoa Hotel** Die All-inclusive-Anlage bietet einen Topausblick aufs Meer. Im Winter kann man mit dem Fernglas vom Fenster aus Buckelwale beobachten. ■ Loma De Puerto Escondido, Tel. 855/350 55 35, www.bahia-principe.com

Las Galeras 71

€€ | **Villa Serena** Romantisches Hotel in viktorianischem Gingerbread-Stil mit 21 Zimmern an einem ruhigen Strandabschnitt. Kleines, aber gutes Restaurant. ■ Playa Las Galeras, Tel. 809/538 00 00, www.villaserena.com

ADAC Das besondere Hotel

Península House
Spektakuläre familiengeführte Villa oberhalb der Playa Cosón im Kolonialstil, deren sechs Juniorsuiten mit Antiquitäten eingerichtet sind und private Terrassen bieten. Herrlicher Garten, toller Ausblick, jeder nur erdenkliche Luxus und Topservice für Romantiker. Pool mit Meerblick und eigenem Beach House mit afrikanischem Dekor. Toprestaurant im Hotel, eigener Helipad.
€€€ | Calle Cosón, Las Terrenas, Tel. 809/962 74 47, www.thepeninsulahouse.com

Im Norden – Wildromantische Bernsteinküste

Die Nordküste wartet mit Traumstränden, einem Surferparadies, kühlen Karstlagunen, mächtigen Wasserfällen und Mangrovenlabyrinthen auf

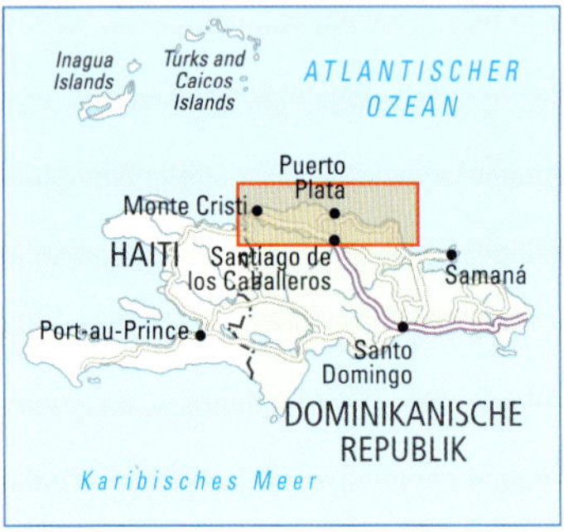

Als Kolumbus auf seiner ersten Fahrt die Nordküste Hispaniolas passierte, glaubte er sich am Ziel seiner Träume. »Der Admiral nahm an, dass es hier gute Flüsse und viel Gold geben müsse«, steht im Bordbucheintrag vom 11. Januar 1493 zu lesen. In den Bergen der Nordküste gibt es aber kein gelbes Metall, sondern den schönsten Bernstein der Welt. Hauptstadt der Bernsteinküste ist Puerto Plata mit spanischer Festung, viktorianischen Häusern und Seilbahn auf einen Aussichtsberg.

Die Urlauberhochburg Sosúa wurde von jüdischen Einwanderern gegründet und ist heute fest in deutscher Hand. Cabarete ist ein Dorado für Surfer. Wer nicht surft, ist weiter östlich an der herrlichen Playa Grande besser aufgehoben. Auf der Weiterfahrt zur Halbinsel Samaná laden einsame Strände und Karstdolinen mit kristallklarem Süßwasser zum Verweilen ein. Der Küstenabschnitt westlich von Puerto Plata liegt dagegen noch im Dornröschenschlaf. Dabei hat der Palmenstrand bei Punta Rucía die dramatischsten Sonnenuntergänge der Nordküste zu bieten, und in den Mangroven tummeln sich Seekühe. An der Grenze zu Haiti wartet Monte Cristi mit dem besten Segelrevier des Landes.

In diesem Kapitel:

ADAC Top Tipps:

8 **Monumento Natural Charcos de Demajagua**
| Wasserfälle |

27 Wasserfälle hinaufklettern, dann hinunterrutschen und in kühle Wasserbecken springen: ein einzigartiges Vergnügen in den Wäldern bei Puerto Plata. 86

ADAC Empfehlungen:

13 El Dudú, Cabrera

| Lagunen |

Schwimmen in und Ziplining über den drei kristallklaren Süßwasserlagunen machen diese Urwaldlandschaft zu einem Erlebnis. 76

14 Laguna Gri Gri

| Mangrovenfluss |

Die Bootsfahrt auf einem Flüsschen durch das geheimnisvolle Mangrovenlabyrinth und das anschließende Bad an der traumhaft schönen Playa Caletón sind das Highlight des freundlichen Fischerstädtchens Río San Juan. 78

15 Monumento Natural Loma Isabel de Torres

| Aussichtspunkt |

Die Fahrt mit der einzigen Seilbahn der Dominikanischen Republik auf einen 793 m hohen Gipfel eröffnet grandiose Aussichten auf die Küstenlandschaft von Puerto Plata. 83

16 Laguna Estero Hondo

| Schutzgebiet |

Auf einer Kajaktour durch die Mangrovensümpfe östlich von Punta Rucía begegnet man den scheuen Seekühen. 87

23 Cabrera

Das sympathische Fischerdorf lockt mit einer traumhaften Lage an der Küste

Die meisten Autofahrer halten auf der Fahrt von Las Terrenas über Nagua nach Río San Juan gar nicht an und genießen die schöne Szenerie nur im Vorbeifahren: rechts die wilde Bernsteinküste, links Königspalmen und saftige Wiesen, auf denen Rinder grasen. In der sympathischen Ortschaft selbst herrscht unverfälscht dominikanisches Leben.

In der Umgebung

El Dudú

| Lagunen |

13 *Drei kristallklare Karstdolinen laden zu einem erfrischenden Bad ein*

Die südlich von Cabrera gelegenen drei kristallklaren, türkis bis saphirblau schimmernden Süßwasserlagunen in smaragdgrüner Waldlandschaft lohnen ein paar Stunden Aufenthalt. In der gepflegten Gartenanlage mit Hängematten kann man herrlich entspannen. Die unüberhörbaren Juchzer stammen von Adrenalinsüchtigen, die hier an Ziplines über die Laguna El Dudú sausen. Sie ist die größte der Karstdolinen und eignet sich herrlich zum Schwimmen. Auch der eindrucksvolle Lago Azul lockt mit kühlem Wasser (tgl. 9–17.30 Uhr, 150 RD-$).

Playa Diamante und Playa Arroyo Salado

| Strände |

Etwas nördlich von El Dudú liegt die bei einheimischen Familien beliebte Playa Diamante, deren Wasser sehr seicht ist. Ein Bach mit kühlerem Süßwasser versickert hier im Sand. Südlich von El Dudú mündet ein Flüsschen in die besonders schöne Playa Arroyo Salado. Man badet in mehreren von Mangroven gesäumten Süßwasserpools und am langen goldgelben Sandstrand mit hohen Palmen. Am Wochenende servieren kleine Lokale Fisch und Meeresfrüchte.

24 Playa Grande

Der herrliche Palmenstrand zählt zu den schönsten der Nordküste

An der weitläufigen goldgelben Playa Grande 8 km östlich von Río San Juan fährt garantiert niemand vorbei. Garküchen braten frisch gefangenen Fisch, man kann Surfboards mieten und

sich in die mächtigen Wellen stürzen. Schwimmer sollten auf starke Unterströmungen gefasst sein. Die westliche Seite ist von schroffen Klippen eingefasst, am östlichen Strandende fällt der Sand sanfter ab. Vom dortigen Parkplatz führt ein schmaler Pfad zur weniger frequentierten weißsandigen Playa Preciosa.

In der Umgebung

Cabo Francés Viejo
| Nationalpark |
Einige Kilometer östlich der Playa Grande schützt der kleinste Nationalpark des Landes einen Quadratkilometer Regenwald. Vom Parkplatz führt ein Pfad zur goldgelben Playa Bretón und zu einem Leuchtturm.

25 Río San Juan

Hier genießt man unverfälschtes dominikanisches Dorf- und Strandleben

Das freundliche Fischerdorf bietet noch viel authentisches dominikanisches Flair. Da sich die Küste hier nach Nordwesten orientiert, fallen die Sonnenuntergänge dramatisch aus. Dominikanische Familien lieben besonders die südlich des Hotels Bahía Blanca gelegene seichte Playa Los Mino. Nördlich des Hotels schließt sich die fast schattenlose Playa de los Guardias mit einem Vogelschutzgebiet an. Noch weiter nördlich wartet die Playa de los Muertos mit schattigen Bäumen, unter denen am Wochenende gerne Familien picknicken.

An der endlosen Playa Grande laufen mächtige Wellen ans Ufer auf

Die Mangrovensümpfe der Lagune Gri Gri lassen sich mit dem Boot erkunden

Sehenswert

Laguna Gri Gri
| Mangrovenfluss |

14 *Die Bootsfahrt durch die geheimnisvollen Mangroven führt zur Küste*

Von der kleinen brackigen Lagune im Ortszentrum geht es durch ein schattiges Labyrinth roter Mangrovenbäume (»gri gri«) auf einem Flüsschen zur Küste. Besonders am späten Nachmittag kann man viele Truthahngeier und weiße Reiher beobachten. Entlang der Küste macht man halt an der Höhle Cueva de las Golondrinas und genießt danach das kühle Wasser der felsigen Flussmündung El Pontón und das Idyll der von Felsen gesäumten Playa Caletón. Man kann sich hier an »casitas« mit frischem Fisch und Getränken versorgen. Auch abends fahren Busse zurück nach Río San Juan. Motorisierte Boote warten am Laguneneingang.

■ Sindicato de Boteros de la Laguna Gri Gri, Calle Duarte, Tel. 809/589 2277, 8.30–17 Uhr, 800 RD-$ pro Person

Restaurants

€ | Café de Paris Ein Franzose bereitet hier Seafood und Pasta direkt an der Lagune zu. ■ Calle Duarte, Tel. 809/778 06 87, tgl. 8–24 Uhr

€ | La Casona Buffet mit der besten dominikanischen Küche im Ort, auch sehr leckere Empanadas mit Huhn oder Fisch. ■ Calle Duarte 6, Tel. 809/589 25 97, tgl. 9–22 Uhr

26 Cabarete

Hedonistisches Mekka der internationalen Surfergemeinde

Jugendliches Flair prägt bis heute die Hochburg der Wassersportler, besonders der Wind- und Kitesurfer. Aufgrund der südöstlichen Lage ist man direkt den Passatwinden ausgesetzt. Internationale Wettbewerbe wie Windsurf Classic und Master of the Ocean sorgen für ein gutes Renommee. Das lebhafte Nachtleben spielt sich in den zahlreichen Outdoor-Bars an der weitläufigen Playa Cabarete ab. Tagsüber tummeln sich hier Badegäste und Windsurfer. Am nordwestlichen Ende des Strandes, auch »Bozo Beach« genannt, reihen sich die Kitsesurfingschulen aneinander, während sich am benachbarten Kite Beach (Punta Goleta) Fortgeschrittene und Profis vergnügen. Weiter nordwestlich lockt die Playa Encuentro, einer der besten Surfstrände des Landes, mit drei sich über einem Korallenriff brechenden Reef Breaks. Anfänger sollten den zentralen Beach Break wählen. Die Welle des auch »Coco Pipe« genannten Left Break ist besonders schnell und steil, die auch häufig für Wettkämpfe genutzte Welle des Right Break ist besonders lang.

Sehenswert

Parque Nacional El Choco

| Nationalpark |

Wenige Minuten landeinwärts lockt der Urwald des Nationalparks mit Wanderungen, Ausritten, Mountainbiking und Ziplines. Leitern und Holztreppen führen hinunter zu den Cuevas de Cabarete, zwei Karsthöhlen mit Stalaktitenformationen und sehr tiefen kristallklaren und smaragdgrünen Süßwasserseen für Schwimmer und zertifizierte Höhlentaucher. Der Haupteingang des Nationalparks (mit Parkplatz und jadefarbener Badelagune) ist in 25 Minuten zu Fuß über den Callejón de la Loma zu erreichen. Hier warten Guides.

■ Tgl. 9–17 Uhr, Eintritt 50 RD-$

Cabarete ist vor allem bei Wind- und Kitesurfern beliebt

Restaurants

€–€€ | La Casita de Papi Wegen seiner Seafoodgerichte, darunter Shrimp a la Papi und Langostino a la Papi, äußerst beliebt. Besonders schön sitzt man direkt am Strand. ■ Playa Cabarete, Tel. 809/986 37 50, Di–So 12–24 Uhr

€€€ | Bliss Eines der wirklich eleganten Restaurants von Cabarete. Die mediterrane Topküche wird in einem charmanten Innenhof mit abends illuminiertem Pool serviert. ■ Callejón de la Loma, Tel. 809/571 97 21, Do–Di 18–23 Uhr

Kneipen, Bar und Clubs

Lax Ojo Größter Nightclub von Cabarete mit zwei Dancefloors, am Do ist Latin Night mit Tanzwütigen aus Puerto Plata. Auch am Wochenende rappelvoll. ■ Playa Cabarete, Tel. 829/745 88 11, www.laxojo.com, ab 22 Uhr

Mojito Bar Beliebte Bar direkt am Strand mit Top-Cocktails. ■ Playa Cabarete, Tel. 809/571 93 27, www.mojitobar-cabarete.com, Mi–Mo 11–23 Uhr

Sport

Dive Cabarete Die Tauchschule organisiert Tauchkurse (PADI), Tauchausflüge (5500 RD-$ für 2 Tauchgänge), Schnorcheltrips und Höhlentauchen. ■ Calle Principal, Tel. 809/915 91 35, www.divecabarete.com

Go Kite Cabarete Besonders gute Kitesurfingschule am Kite Beach. ■ Extreme Hotels, Tel. 829/644 83 54, www.gokitecabarete.com, 30 000 RD-$/7 Std.

Iguana Mama Hier gibt es die breiteste Angebotspalette an Abenteuersport von Canyoning über Surfen und Tauchen bis Ziplining. ■ Calle Principal, Tel. 809/654 23 25, www.iguanamama.com

Kayak River Adventures Halb- und ganztägige Stand-up-Paddling- und Kajaktouren auf den Flüssen Jamao und Yásica sowie Canyoning an Wasserfällen und Höhlentouren. ■ Calle Principal, Tel. 829/305 68 83, www.kayakriveradventures.com, 3300–5000 RD-$

Vela Windsurf Resorts Surfunterricht in Gruppen für 8000 RD-$ für 6 Stunden. ■ Playa Cabarete, Tel. 809/571 08 05, www.velacabarete.com

ADAC Mobil

Internationale **Flüge**, auch aus Deutschland, landen auf dem Flughafen Gregorio Luperón zwischen Puerto Plata und Sosúa. **Expressbusse** verbinden Puerto Plata mit Santiago und Santo Domingo. Zwischen Puerto Plata und Sosúa/Cabarete verkehren sehr häufig **Guaguas**. Nach Las Terrenas fährt morgens ein Kleinbus, ansonsten ist man auf Verbindungen mit Guaguas angewiesen. Montecristi erreicht man mit dem Bus, Punta Rucía per Guagua von Santiago.

27 Sosúa

Touristischer Rummelplatz mit jüdischer Vergangenheit

Preisbewusste frankokanadische Touristen steuerten Sosúa schon in den 1980er-Jahren an. Heute ist das Hotelviertel El Batey, in dem Straßennamen wie Calle David Stern oder Calle Dr. Rosen noch an die jüdische Vergangenheit erinnern, eher in teutonischer Hand: mit deutscher Bäckerei und Metzgerei. Anzeigen locken mit Weihnachtsstollen, Time-Sharing-Appartements und Steuersparmodellen. An der langen Playa de Sosúa kümmern sich die Einheimischen um die Bedürfnisse der Touristen, lediglich den Wunsch nach Ruhe erfüllt die von hohen Felsen gesäumte Playa Alicia besser. Das Nachtleben von Sosúa ist eher anrüchig. Geradezu friedlich geht es dagegen im Ortsteil Los Charamicos am anderen Ende der langen Playa Sosúa zu. Hier wohnen die Dominikaner und locken mit preiswerten Unterkünften und leckerer einheimischer Küche.

Sehenswert

Castillo Mundo King
| Museum |
Architektonisches Gesamtkunstwerk des 2018 verstorbenen deutschen Künstlers Rolf Schultz mit eklektischer bis bizarrer Kunstsammlung.
■ Camino Libre, Tel. 829/7014063, Eintritt 300 RD-$

Restaurants

€ | **Mosha's Reggae Love** Ein Stück Jamaika mit Jerk Chicken und coolen Vibes. ■ Playa Sosúa, Tel. 809/5711966, tgl. 12–24 Uhr

€€ | **Waterfront** Tolle Lage an der Playa Alicia mit traumhaften Sonnenuntergängen. Fisch und Meeresfrüchte sind sehr gut. Auch perfekt für einen Sundowner (Happy Hour 18–19 Uhr). ■ Dr. Rosen 1, Tel. 809/5713024, tgl. 12–22.30 Uhr

Einkaufen

571 Art Gallery Innovative Kunst des dominikanischen Künstlers Leo Díaz. ■ El Batey, Tel. 809/7123632, www.leodiazart.com, tgl. 10–21 Uhr

Im Blickpunkt

Hispaniola und die Juden

Zwischen Hotels und Kneipen versteckt sich ein schlichtes Holzhaus, dessen Gittertor ein blauer Davidstern ziert: eine Synagoge. Sosúa wurde nämlich von deutschen und österreichischen Juden gegründet. Auf der am 6. Juni 1938 von US-Präsident Roosevelt einberufenen Weltkonferenz für europäische Flüchtlinge in Evian zeigte sich Diktator Trujillo als Einziger bereit, Hunderttausende jüdischer Flüchtlinge aufzunehmen. Nur 600 erreichten letztlich die rettenden Gestade Hispaniolas. Die meisten Juden waren Akademiker und verstanden wenig von Landwirtschaft, doch bald waren Fleisch- und Milchprodukte aus Sosúa im ganzen Land begehrt. Trotzdem wanderten viele Siedler, besonders deren Kinder, in die USA, nach Kanada oder nach Israel aus. Das kleine Museo de la Comunidad Judía erzählt von ihrem Schicksal (Calle Dr. Alejo Martinez, neben Casa Marina Hotel, Tel. 809/5711386).

28 Puerto Plata

Viktorianischer Stil prägt die Hauptstadt der Bernsteinküste

Der Musikpavillon auf dem Parque Central erinnert an das »Goldene Zeitalter«

Information

■ Carretera Puerto Plata – Sosúa Km 4, Tel. 809/586 36 76

Schon Kolumbus lobte auf seiner ersten Fahrt die Bucht von Puerto Plata in den höchsten Tönen. Vielleicht schon 1496 gründete Bartolomé Colón, ein jüngerer Bruder von ihm, die Stadt. Lange lebten die Bewohner von Puerto Plata vom Schmuggel und Handel mit Piraten. Im 19. Jh. exportierte der Hafen Rum, Tabak und Kaffee aus der fruchtbaren Cibao-Ebene. Aus jenem »Goldenen Zeitalter« stammen die schönen viktorianischen Holzhäuser.

Sehenswert

1 Parque Central

| Platz |

Auf dem Hauptplatz (Plaza Independencia) im Herzen des historischen Stadtkerns rufen Verkäufer Lotterielose, Getränke, Obst und »chulamia«, gebackene Yucca, eine Spezialität der Region, aus. Im Zentrum steht ein 1880 im viktorianischen Stil erbauter Musikpavillon. Königspalmen, die Catedral San Felipe mit ihren weißen Türmen und pastellfarbene viktorianische Häuser – darunter die Casa de la Cultura und die Casa Museo General Gregorio Luperón – umgeben den Platz.

Plan
S. 84

2 Museo del Ambar

| Museum |

Das in einem sehr attraktiven viktorianischen Gebäude untergebrachte Bernsteinmuseum zeigt eine magisch beleuchtete Sammlung. Kostbarstes Stück ist ein kleiner Stein mit einer darin eingeschlossenen kleinen Eidechse. Im Erdgeschoss kann man Schmuck mit Echtheitszertifikat erwerben.

■ Duarte 61, Tel. 809/586 28 48, www.ambermuseum.com, tgl. 9–18 Uhr, 100 RD-$

3 Malecón

| Uferpromenade |

Der kilometerlange Küstenboulevard ist vor allem abends einen Besuch wert. Zahllose kleine Imbissstände überbieten sich gegenseitig mit lauter Merengue-Musik, Einheimische plaudern, trinken, flirten und tanzen miteinander, ab und zu zieht eine drei- oder vierköpfige Merengueband, genannt »perico ripiao«, die Promenade entlang und singt freche Lieder. Ein tolles Fotomotiv ist das rotweiß gestrichene Feuerwehrhaus (Casa de Bomberos) mit vier Türmen.

4 Fortaleza San Felipe

| Festung |

Die Festungsanlage wurde 1564–77 zum Schutz des Hafens vor Piraten auf Befehl Philipps II. gebaut. Die drei Räume des Hauptturms sind als Museum hergerichtet: Zu sehen sind Waffen, Münzen und Kanonenkugeln. Im 19. Jh. war der Freiheitsheld Juan Pablo Duarte hier eingekerkert. Eine Wendeltreppe führt zur oberen, noch mit einigen Kanonen bestückten Plattform hinauf, durch deren Schießscharten man einen guten Blick auf den Hafen und den Aussichtsberg Loma Isabel de Torres werfen kann. Modernisiert wurde der angrenzende Parque de la Puntilla, in dessen »Amphitheater« (Bühne mit Zeltdach) Veranstaltungen stattfinden.

■ La Puntilla, tgl. 9–16.30 Uhr, 100 RD-$

5 Monumento Natural Loma Isabel de Torres

| Aussichtspunkt |

15 *Seilbahnfahrt zum Traumausblick auf den tiefblauen Atlantik*

Mit der Seilbahn Teleférico geht es in 10 Minuten hinauf auf den 793 m hohen Gipfel des Aussichtsbergs mit riesi-

ger Christusstatue. Das Atlantikpanorama ist morgens sensationell. Auf einem Spaziergang durch den Jardín Botánico, der zum Schutzgebiet Reserva Científica Isabel de Torres gehört, lernt man die karibische Flora kennen und erspäht viele Kolibris und den »Palmschwätzer« genannten Nationalvogel.

■ Talstation Avenida Manolo Tavárez Justo, Tel. 809/970 05 01, www.telefericopuertoplata.com, tgl. 8.30–17 Uhr, Berg- und Talfahrt 500 RD-$, Kinder (5–10 Jahre) die Hälfte

Restaurants

€€ | **Le Papillon** Topküche unter deutscher Leitung: Langusten, Shrimps und butterweiche Steaks, aber auch Gulaschsuppe. ■ Playa Cofresí, Tel. 809/970 76 40, www.lepapillon-puertoplata.com, Di–So 18–22 Uhr, Plan S. 84 ca. 5,7 km nordwestl. a1 (über Ctra. 5)

€€€ | **Mares** Exzellente Fusionsküche des einheimischen Starkochs Rafael Vasquez-Heinsen. ■ Francisco Peynado 6, Tel. 829/451 60 75, www.maresrestaurant.com, Di–So 18–24 Uhr, Plan S. 84 ca. 550 m südöstl. c3

Kneipen, Bars und Clubs

El Furgón Authentischer Nachtclub für Einheimische. Ein DJ legt Merengue, Bachata und Salsa auf, und die kleine Tanzfläche ist immer rappelvoll. Man sitzt in Gruppen an Tischen, bestellt eine halbe Flasche Rum mit Cola und amüsiert sich. ■ Av. Luis Ginebra, Do–So 22–2 Uhr, Plan S. 84 ca. 2 km südöstl. c3

Einkaufen

Fábrica de Rón Brugal In der traditionsreichen Rumfabrik kann man Raritäten erwerben, die über ein Jahrzehnt in Weißeichenfässern reifen. ■ Carretera Playa Dorada, www.brugal.com.do, tgl. 9–12, 24–17 Uhr, Plan S. 84 ca. 3,3 km südöstl. c3

Mercado Modelo Dominikaner feilschen draußen um Kleidungsstücke, Obst und Gemüse, während drinnen haitianische Malerei, Larimarschmuck, Bernsteinketten und afrikanisch inspirierte Holzschnitzereien verkauft werden. ■ Villanueva, esq. El Moro, tgl. 8–17 Uhr, Plan S. 84 c3

In der Umgebung

Playa Dorada

| Strand |

Nur zehn Minuten Autofahrt östlich von Puerto Plata liegt dieser schöne Strand mit Blick auf die Loma Isabel de Torres. Die Playa Dorada ist ein Komplex aus größtenteils luxuriösen All-inclusive-Resorts mit jeder Menge Restaurants – darunter das besonders gute Lucia im Hotel Casa Colonial – und Nightclubs wie dem Coco Bongo sowie Einkaufszentrum und dem von Robert Trent Jones konzipierten Playa Dorada Golf Club. Der Strand ist öffentlich zugänglich. Der Veranstalter Sea Pro Divers (Kiosk in den Resorts, Tel. 809/586 12 39, www.seaprodivers.com) organisiert Tauchgänge vor Sosúa.

Playa Costambar und Playa Cofresí

| Strände |

Der Ferienkomplex Playa Costambar liegt zehn Minuten westlich von Puerto Plata. Der Strand ähnelt ein wenig der Playa Dorada, ist aber noch attraktiver. Weiter westlich folgt die nach einem Piraten benannte kleine Strandbucht Playa Cofresí mit dem – aus Tierschutzgründen leider bedenklichen – Ocean World Adventure Park. Besonders für einen Sundowner mit fabelhaftem Ausblick zu empfehlen ist dagegen die Ocean World Terrace des Abenteuerparks. Am Samstag gibt's hier eine Show im Las-Vegas-Stil. Eine raue, nur mit Jeep befahrbare Piste führt zur einsamen und wunderschönen Playa Cambiaso weiter nordwestlich.

Im Blickpunkt

Bernstein – Zeuge längst vergangener Zeitalter

Das goldfarbene Baumharz wird in der Dominikanischen Republik nicht vom Meer angespült wie an der Ostseeküste, sondern aus Lagerstätten der Cordillera Septentrional (Nordkordillere) gefördert. Die Mine in La Cumbre kann man sogar besichtigen (Tel. 809/696 69 32, Mo–Fr 9–17 Uhr). Besonders faszinierend sind zahlreiche Exemplare mit fossilen Einschlüssen: Luftbläschen, Wassertropfen, Blätter, Gräser, Fliegen, Wanzen, Grillen und Tausendfüßer. Bernstein kann – je nach der Einwirkung von vulkanischer Asche oder Gasen – alle möglichen Farbschattierungen haben: von gelb über rubinrot und kobaltblau bis zu grau. Die in der Dominikanischen Republik gefundenen Stücke zeichnen sich durch besonders große Transparenz und Vielfalt an Millionen Jahre alten fossilen Einschlüssen aus.

ADAC Mittendrin

In jeder Ortschaft gibt es wenigsten eine Tankstelle (»bomba«), an der sich die Einheimischen zu Bier und Rum mit Tanz treffen. In Puerto Plata beginnen die **Wochenendpartys** gern an der **Tankstelle La Isla** (Av. Luis Ginebra, Nähe La Sirena). Hier gibt es sogar eine Open Air Lounge mit Musikvideos. Nicht minder beliebt ist der Car Wash, die Autowaschstation mit Riesenparkplatz und strohgedecktem Pavillon, der am Wochenende zur regelrechten Disco mit Livebands mutiert. Auch hier wird getrunken und getanzt, während fleißige Hände das Auto auf Hochglanz bringen. Topadresse in Puerto Plata ist **Automatic Carwash** (Av. Manolo Tavares Justo Km 1, Do–So 17–24 Uhr).

29 Monumento Natural Charcos de Demajagua

8 *Adrenalinkicks verspricht die Tour von Wasserfall zu Wasserfall*

Erst vor 15 Jahren wurden die 27 Wasserfälle von Demajagua im Regenwald bei Imbert für den Tourismus erschlossen. Besucher schwimmen durch den schmalen Río Demajagua und klettern – vor Ort ausgerüstet mit Schwimmweste und Helm – über Holzleitern und Felsen kleine Canyons empor. Recht bequem zu bewältigen sind die ersten sieben Fälle (ca. 2 Std.). Über Wasserfall 12 kommt man nur hinaus, wenn der Fluss kein Hochwasser führt. Je höher man klettert, desto besser sollte die Kondition sein. Der Rückweg ist der eigentliche Spaß, denn dann springt man metertief in kühle smaragdgrüne bis saphirblaue Wasserbecken (»charcos«) oder rutscht über Felsen die Fälle hinunter. Am Nachmittag sind die organisierten Ausflügler bereits verschwunden. Von Puerto Plata fahren Guaguas in einer Stunde zum Eingang (mit Parkplatz). Hier warten junge Guides aus der Region. Ein Teil des Eintrittspreises fließt in soziale Projekte.

■ Tel. 809/387 36 37, www.27charcos.com, tgl. 8–15 Uhr, 500–700 RD-$ (inkl. Führer, Helm und Schwimmweste, plus Trinkgeld)

30 Parque Nacional Histórico La Isabela

Von den ersten Steinhäusern der Neuen Welt blieben nur Ruinen

Am 10. Dezember 1493 gründete Kolumbus hier die erste aus Stein errichtete Siedlung der Neuen Welt. 1496 wurde sie in den Süden der Insel verlegt. Aufgeschichtete Steine markieren die Umrisse der Kirche, in der Pater Bernardo Boyl am 6. Januar 1494 die erste Messe der Neuen Welt zelebrierte. Direkt am Meer liegt das heute noch etwa 70 cm hohe Haus von Kolumbus. Auf dem Friedhof ruht in einem geöffneten und überdachten Grab das Skelett eines Spaniers: zu erkennen an den über der Brust gefalteten Armen. Die Tainos ließen sich dagegen in Embryohaltung begraben.

31 Punta Rucía

Das verschlafene Fischerdorf ist ein Geheimtipp für Individualurlauber

Die 7 km vor der Küste gelegene Sandbank Cayo Arena, auch »Cayo

Paraíso« genannt, ist eines der besten Schnorchelreviere des Landes. Auch viele Tagesausflügler aus Puerto Plata setzen von Punta Rucía auf die Sandbank über, um zu schnorcheln. Wer die ungemein farbenfrohe Korallenwelt ohne Rummel erleben will, übernachtet in einer charmanten Pension und lässt sich frühmorgens von einem Fischerboot hinüberbringen (z. B. Capitán Josy, Tel. 829/712 28 35).

Am Wochenende tanzen die Einheimischen, die aus Puerto Plata und Santiago anreisen, an der schönen, von schattenspendenden Meertraubenbäumen gesäumten und mit blutroten Sonnenuntergängen gesegneten Playa La Ensenada. Sonst ist man hier oft fast allein.

Mit etwas Glück bekommt man in der Laguna Estero Hondo Seekühe zu Gesicht

In der Umgebung

Laguna Estero Hondo

| Schutzgebiet |

16 *In den Mangrovensümpfen tummeln sich seltene Seekühe*

Auf Wanderungen und Kajaktouren durch die artenreichen Mangrovensümpfe östlich von Punta Rucía erspäht man gelegentlich einen der scheuen Manatis (Seekühe), zu deren Schutz das Reservat Sanctuario Mamifero Marino Manati ausgewiesen wurde. Das Reservat ist auch ein Lebensraum für viele Vögel.

■ Tel. 829/492 33 62, tgl. 9–17 Uhr

32 Monte Cristi

Die Stadt ist Standquartier für Ausflüge in den gleichnamigen Nationalpark

Die lethargische Stadt im Schatten des Tafelbergs El Morro wurde 1533 gegründet und 1842 durch ein Erdbeben zerstört. Zu sehen gibt es außer heruntergekommenen viktorianischen Häusern und einem 1895 aufgestellten Uhrturm aus Frankreich wenig. In der Casa de Máximo Gómez (Av. Mella 29) sicherte Máximo Gómez Baez dem Führer des kubanischen Befreiungskriegs José Martí die Unterstützung der Dominikanischen Republik zu.

Die wenigen Besucher kommen vor allem, um einen Bootsausflug in den Parque Nacional Monte Cristi zu unternehmen. Der westlich der Stadt an der haitianischen Grenze gelegene Nationalpark umfasst den markanten Tafelberg El Morro de Monte Cristi (207 m) und den Küstenstreifen mit der Inselgruppe Cayos Siete Hermanos. Er besitzt eine üppige Mangrovenvegetation mit seltenen Wasservogel- und Reptilienarten.

Übernachten

All-inclusive-Resorts prägen das Bild an der Playa Dorada östlich von Puerto Plata, in Sosúa und Cabarete kommt man in zahlreichen kleineren Hotels und Pensionen unter. Auch weiter östlich gibt es freundliche kleine Unterkünfte, rund um Río San Juan auch Luxusresorts.

Cabrera 76

€ | **Hotel El Mirador** Das farbenfrohe Haus unter italienischer Leitung bietet freundliche Unterkunft mit Pool, Garten und Kinderspielplatz in der Nähe des Malecóns. Gute mediterrane Küche im hauseigenen Restaurant Entre Amigos nebenan. ■ Felix García, esq. Urbanización Doña Rosa, Tel. 829/727 56 39, www.caribbeanisla.com

Playa Grande 76

€€€ | **Playa Grande Beach Club** Exklusive Anlage am Ostende des Strandes (neben dem Luxusresort Amanera) mit nur 9 weißen geschmackvollen Villen im Kolonialstil. Gourmetrestaurant, Bar und Pools. Eine zauberhafte Adresse für sehr betuchte Romantiker (ab 32000 RD-$). ■ Carretera Río San Juan-Cabrera Km 10, Tel. 809/589 20 70, www.playagrandebeachclub.com

Río San Juan 77

€ | **Hotel Bahía Blanca** Luftiges zweistöckiges Hotel unter frankokanadischer Leitung mit einfachen Zimmern (Dusche und Ventilator, tagsüber kein Strom) in spektakulärer Lage zwischen zwei Strandbuchten mit fabelhaftem Ausblick von den breiten Terrassen. Kleines Restaurant und Bar. ■ Gaston Fernando Deligne 5, Tel. 809/589 25 62, www.bahiablancariosanjuan.com

€€ | **Hotel Club Bahía Príncipe San Juan** Große All-inclusive-Anlage am gleichnamigen schönen Strand westlich von Río San Juan im pastelligen Kolonialstil. Mehrere Pools, Restaurants und Bars, großes Sportangebot und Spa. Nightlife findet im Pueblo statt (Diskothek, Bars, Casino, Shows). Shuttle zum Golfplatz an der Playa Grande. ■ Carretera Gaspar Hernández Km 18, Tel. 809/226 15 90, www.bahia-principe.com

Cabarete 78

€€ | **Velero Beach Resort** Attraktives Boutique-Resort etwas abseits des Trubels mit komfortablen Zimmern, deren Balkone entweder zum Atlantik oder zum tollen Infinity Pool hinausgehen. Mit Spa und Fitnessraum. ■ Calle La Punta 1, Tel. 809/571 97 27, www.velerobeach.com

€€ | **Villa Taina** Orangefarbenes familienfreundliches Hotel direkt am Strand. Die etwa 60 komfortablen Zimmer – teils mit kleiner Terrasse zum Meer (Topblick vom 3. Stock) – sind geschmackvoll in tropischen Farben dekoriert. Kleiner Pool, Restaurant mit Tischen direkt am Strand. Kitesurfingclub vor Ort. ■ Playa Cabarete, Tel. 809/571 07 22, www.villataina.com

Sosúa 80

€€ | Casa Valeria Freundliches kleines und sehr seriöses topmodernes Boutiquehotel in ruhiger Lage mit geschmackvoll designten, individuell eingerichteten klimatisierten Zimmern zum Pool. Gutes Restaurant. ■ Calle Dr. Rosen 28, Tel. 809/5713565, www.hotelcasavaleria.com

€€€ | Casa 21 Das belgische Paar Saskia und Mark führt ein sehr charmantes kleines B&B (eine Rarität im Land) mit nur drei höchst komfortablen und eleganten Suiten. Kleines exzellentes Restaurant, tropischer Garten, Innenhof mit Pool, Jacuzzi und Loungesesseln, Fitnessraum mit modernen Sportgeräten. Die drei Hunde der Besitzer sind sehr freundlich. Personalisiertes Servicepaket. ■ Piano 1, Tel. 829/3418551, www.casaveintiuno.com

Die exklusive Anlage Playa Grande Beach Club ist etwas für Romantiker

Puerto Plata 82

€ | Tubagua Plantation Eco Lodge Ökolodge eines Kanadiers in traumhafter Höhenlage etwas abseits der nach Santiago führenden Panoramastraße mit 6 strohgedeckten Holzhütten (2–6 Personen) und kleinem Naturpool. ■ Ruta Panoramica Km 6, Tel. 809/6966932, www.tubagua.com

€€€ | Casa Colonial Boutique Hotel Beach and Spa Eines der luxuriösesten Hotels des Landes inmitten üppiger Vegetation: großzügige Suiten, Himmelbetten, Marmorböden, Edelhölzer, Balkone mit tollem Meerblick, Orchideengarten, riesiger Pool, 4 Whirlpools, 2 elegante Restaurants, kleiner Privatstrandabschnitt. Ideal für Wellnessaufenthalte. Nicht all-inclusive. ■ Playa Dorada, Tel. 809/3203232, www.casacolonialhotel.com

Punta Rucía 86

€ | Casa Libre Eine deutsch-französische Familie hat sich außerhalb des Dorfes auf einem Hügel ihren Aussteigertraum mit tropischem Garten und grandiosem Meerblick verwirklicht. Sie bietet drei einfach ausgestattete Cabanas mit Strohdach an. Für Gäste wird ein Abendessen arrangiert. Kleines Studio für Yoga und Meditation. ■ Tel. 809/6935010, www.casa-libre.com

Monte Cristi 87

€€ | El Morro Eco Adventure Hotel Neues und recht schickes Hotel mit 12 Zimmern außerhalb des Stadtzentrums in der Nähe des Strandes La Playita mit Pool, Bar und gutem Restaurant. ■ Carretera El Morro, Tel. 849/8861605, www.elmorro.com.do

Cibao und Cordillera Central

Kaffee- und Kakaoplantagen, eine pulsierende Großstadt und eine faszinierende Hochgebirgslandschaft prägen das Zentrum des Landes

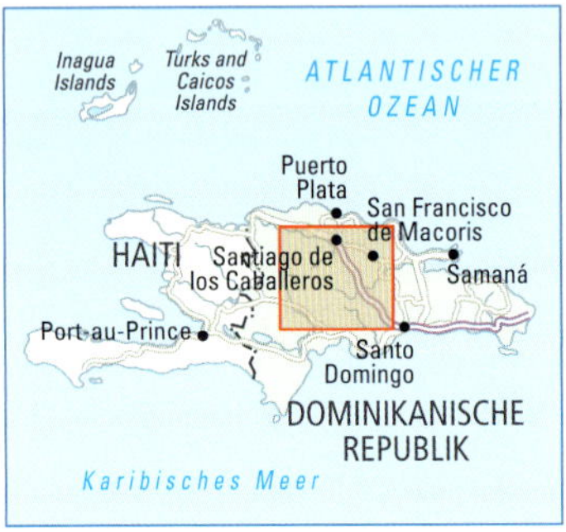

Die Autopista Duarte zwischen Santo Domingo und Santiago de los Caballeros verspricht europäischen Autofahrern einigen Nervenkitzel. Chromblitzende Trucks liefern sich mit überfüllten Guaguas ein Wettrennen, in das sich immer wieder zerbeulte Rostlauben einmischen. Bisweilen trottet inmitten dieses Infernos ein Muli mit Treiber entlang, oder ein Fahrer macht eine Vollbremsung, weil ihm nach den Leckereien gelüstet, die am Straßenrand feilgeboten werden. Trotzdem kommt man in der Regel heil im Cibao an, der fruchtbaren Region im Herzen des Landes.

Die Großstadt Santiago de los Caballeros lockt mit dem besten Museum der Dominikanischen Republik und einem lebhaften Nachtleben. Nach Ausflügen in die Kaffee- und Kakaoregionen Moca und Salcedo warten die höchsten Berge der Karibik in der Cordillera Central. Zentren des Aktivtourismus sind die beiden Städte Jarabacoa und Constanza mit imposanten Wasserfällen, schäumenden Flüssen und einer berauschenden grünen Berglandschaft.

In diesem Kapitel:

ADAC Top Tipps:

9 **Centro León, Santiago**
| Kulturzentrum |
Wer nur Zeit für ein einziges Museum hat: Didaktisch perfekt aufbereitet, wird hier die Kultur und Geschichte der Dominikanischen Republik präsentiert – von der Keramik der Tainos bis zu den Highlights zeitgenössischer Kunst. ... 93

ADAC Empfehlungen:

17 Carretera Turística Gregorio Luperón

| Panoramastraße |

Auf der Fahrt durch die Nordkordillere von Santiago nach Puerto Plata warten Traumausblicke, eine Bernsteinmine und ein Kaffeelehrpfad............ 96

18 La Vega

| Karnevalshochburg |

Der Karneval im Februar ist ein absolutes Muss, außerdem sind in der Nähe die Ruinen einer Kolumbussiedlung zu besichtigen. 97

19 Saltos de Jimenoa

| Wasserfälle |

Rauschend und berauschend: Besonders der höhere der beiden Wasserfälle bei Jarabacoa bietet einen grandiosen Anblick und kühlen Badespaß. 101

20 Reserva Científica Valle Nuevo

| Naturschutzgebiet |

Noch ein echter Geheimtipp: Die völlig unberührte kühle Berglandschaft zählt zu den einsamsten, wildesten und faszinierendsten Regionen des Landes. 102

21 Parque Nacional Armando Bermúdez und Parque Nacional José del Carmen Ramírez

| Nationalparks |

Zwei Dreitausender prägen die üppig grüne Berglandschaft der beiden Nationalparks. Highlight ist die Besteigung des Pico Duarte. 102

33 Santiago de los Caballeros

Die Stadt ist für Rum, Zigarren und den Karneval bekannt

Die Region rund um Santiago ist eines der wichtigsten Tabakanbaugebiete des Landes

Information

- Edificio Gobernación Santiago (Rathaus), im 1. Stock, Abt. Tourismus, Calle del Sol (gegenüber dem Parque Duarte), Tel. 809/582 58 85, Mo–Fr 8–16 Uhr

1495 gründete Bartolomé Colón, ein jüngerer Bruder von Christoph Kolumbus, unweit der heutigen Stadt eine befestigte Siedlung, in der sich 30 spanische Edelleute des Jakobsritterordens niederließen, denen die Stadt ihren Namen verdankt. 1507 verlieh Ferdinand der Katholische dem Ort das Stadtrecht. 1563 legte das gleiche Erdbeben, das La Vega Vieja zerstörte, auch Santiago de los Caballeros in Schutt und Asche. Am Ostufer des Río Yaque baute man die »Stadt der Ritter« wieder neu auf.

Sprichwörtlich ist die Arbeitsmoral der knapp 600 000 Santiagueros: Die zweitgrößte Stadt des Landes ist ein wichtiges Industrie- und Handelszentrum. Gleich zwei der drei großen dominikanischen Rumfabriken Bermúdez und Barceló sind hier angesiedelt (die früher sehr beliebten Touristenführungen wurden inzwischen eingestellt), außerdem stellen Tabakfabriken die feinsten Zigarren des Landes her. Auch die 1962 gegründete Universität der Stadt besitzt einen guten Ruf.

Plan
S. 94

Sehenswert

1 Parque Duarte

| Platz |

Den schattigen Platz mit viktorianischem Pavillon säumen der 1894 im Neomudéjarstil errichtete Privatclub Centro de Recreo, der weiße viktorianische Palacio Consistorial von 1895 sowie das Museo del Tabaco (Di–Sa 8–12, 15–18 Uhr). Man kann von hier eine Kutschfahrt in die Innenstadt machen.

2 Catedral Santiago Apóstol

| Kirche |

Die neben dem Parque Duarte gelegene, rosafarbene zweitürmige Kathedrale wurde 1868–1895 in einer Mischung aus Neogotik und Neoklassizismus errichtet und 1991 restauriert. Im Inneren sind schöne Glasfenster des dominikanischen Künstlers José Rincón Mora und ein kunstvoll geschnitzter Mahagoni-Altar zu sehen. In der Kirche befindet sich auch das Grab des Diktators Ulises Heureaux in friedlicher Eintracht mit den Gräbern mancher Helden des Restaurationskriegs.

3 Monumento a los Héroes de la República

| Denkmal |

Am östlichen Rand der Innenstadt erhebt sich das 67 m hohe, an einen Leuchtturm erinnernde Marmordenkmal zu Ehren der Helden, die für die Wiederherstellung der Republik ihr Leben gaben. 1940 ließ Trujillo es errichten, nannte es dann aber bezeichnenderweise zu seiner eigenen Glorifizierung »Monumento a la Paz de Trujillo« (Trujillo-Friedensdenkmal). Die Innenräume der Halle schmücken Wandgemälde des spanischen Malers Vela Zanetti. Ein Aufzug führt zur Aussichtsplattform der von einem Engel gekrönten Säule hinauf, von wo aus sich ein großartiger Blick über die Stadt bietet (Di–Fr 9–17 Uhr).

4 Centro León

| Kulturzentrum |

9 *Alles Wissenswerte über Kultur und Geschichte des Landes*

Das 2003 von der Zigarrenfamilie León Jiménes auf dem Gelände der eigenen Fabrik gegründete avantgardistische Kulturzentrum mit Mediathek präsen-

tiert in radikal moderner Architektur in alle Sinne ansprechender Weise alles, was die Dominikanische Republik ausmacht. Die anthropologische Dauerausstellung »Signos de Identidad« widmet sich der Kultur der Tainos, der spanischen Kolonialzeit und dem afrikanischen Erbe. »Génesis y Trayectoria« präsentiert herausragende Arbeiten dominikanischer Künstler aus dem 20. Jh. sowie preisgekrönte Exponate zeitgenössischer dominikanischer Kunst. Dazu kommen vorzügliche Wechselausstellungen. Die Beschriftungen sind allerdings ausschließlich in spanischer Sprache gehalten. Auf dem Gelände steht auch ein Nachbau der alten Zigarrenfabrik La Aurora. In der Cafeteria des Centro isst man gut und preisgünstig. Auch die Museumsboutique bietet ein exzellentes Sortiment.

■ Av. 27 de Febrero 146, Tel. 809/582 23 15, www.centroleon.org.do, Di–So 10–19 Uhr, 150 RD-$, Di frei

Restaurants

€ | El Tablón Latino Sehr leckere Küche von Ceviche bis Spanferkel. ■ Calle del Sol 12, Tel. 809/581 38 13, tgl. 11–23 Uhr, Plan S. 94 c3

€€ | Noah Elegantes Lokal mit Blick von der großen Terrasse auf das Monumento a los Héroes de la República. Neben Fusionsküche (peruanisch, südostasiatisch und kreolisch) gibt es hier auch Holzofenpizza. ■ Calle del Sol 4, Tel. 809/971 05 50, tgl. 12–24 Uhr, Plan S. 94 c2

Im Blickpunkt

Premium-Zigarren mit Weltruf

Selbst Zigarrenpapst Zino Davidoff lässt längst in der Dominikanischen Republik fertigen, doch auch dominikanische Marken wie León Jiménes, Juan Clemente oder Thiriet Mercedes genießen Weltruf. »Totalmente hecho a mano« (»ausschließlich Handarbeit«) lautet das Zauberwort, wie in Kuba. Dominikanische Zigarren fallen in der Regel milder aus als ihre kubanischen Konkurrenten und sind daher für Anfänger gut geeignet. Doch der Mythos der »echt kubanischen Havanna« zieht noch immer, wie ein Blick in die Zigarrenläden des Landes zeigt, die in der Dominikanischen Republik gefertigte »Cohibas« und »Montecristis« führen. Der Etikettenschwindel ist »legal«, selbst wenn man frech sogar »La Habana« draufschreibt: Die USA erkennen nämlich kein kubanisches Warenzeichen an.

Ins Exil gegangene kubanische Pflanzer sorgten ab 1960 dafür, dass heute tatsächlich einige der besten »Havannas« im Cibao gerollt werden. Die langen ovalen Blätter der hellgrünen Tabakpflanze werden einzeln von Hand geerntet, getrocknet und in Ballen verkauft. Erst entfernt man den Stengel vom Blatt, dann die Fäden und Blattrippen. An Fabrikbänken schneiden die Zigarrendreher die Blätter zu, rollen sie auf und pressen die Zigarre in einem Schraubstock in die richtige Form. Entscheidend ist die ausgeklügelte Mischung der Tabakblätter. Zum Schluss befestigt man das Deckblatt mit Maniokkleber. Ein Profi braucht für eine perfekt gerollte Zigarre etwa zwei Minuten.

Selbst ansehen kann man das alles z.B. in den Fabriken im Viertel Tamboril 6 km östlich des Stadtzentrums: La Aurora (www.laauroracigarworld.com), El Artista (www.elartista.com.do) und La Flor Dominicana (www.laflordominicana.com).

€€ | Pez Dorado Richtig schickes Lokal, in dem man schon seit 1964 internationale Küche genießt, darunter chinesische Gerichte. Auch das Seafood (exzellente Langusten) ist sehr gut. ■ Calle del Sol 43, Tel. 809/582 25 18, www.pezdorado.business.site, tgl. 11.30–23.30 Uhr, Plan S. 94 c2

ADAC Spartipp

Die Santiagueros lieben **Spanferkel** (»lechón«), und sie lieben es preiswert. In drei renommierten »lechoneras«, kleinen Open-Air-Restaurants am Straßenrand, wird es für 300–600 RD-$ (halbes oder ganzes Pfund) serviert. Als beste »lechonera« gilt Rancho Chito (Autopista Duarte Km 12,5, Tel. 809/276 00 00, www.ranchochito.com).

Kneipen, Bars und Clubs

Ahí Caféterrasse, Grill, Bar und kleine Diskothek, in der Merengue, Bachata und Salsa getanzt werden. ■ Restauración esq. Tolentino, Tel. 809/581 67 79, So–Do 16–2, Fr, Sa 12–4 Uhr, Plan S. 94 c2

Cronopio – Café con Libros Sehr sympathisches Literatencafé mit jungem Publikum in einer kleinen Fußgängerzone. ■ Benito Monción 35A, Tel. 809/880 31 11, www.instagram.com/cronopiocafe, Di–So 17–23 Uhr, am Wochenende länger, Plan S. 94 b2

Dubai Club Populärer Musikclub, die DJs legen Reggaeton, Hip Hop und Elektro auf, oft Livekonzerte. ■ Plaza Rosa, Calle la Salle, esq. Av. Pablo Duarte, Tel. 829/576 53 52, Mi–So 21–4 Uhr, Plan S. 94 östl. c1

Tribeca Angesagte Disco, in der sich die schicke Jugend Santiagos mit Daddys Geld amüsiert. ■ Mauricio Alvarez 6, esq. Cabral, Los Colegios, tgl. 20–2 Uhr, Plan S. 94 c1

Einkaufen

Mercado Modelo In der Hauptgeschäftsstraße der Stadt leuchtet in Weiß und Dunkelgrün das in den 1940er-Jahren errichtete Marktgebäude. Auf zwei Etagen kann man Kunstgewerbliches, z.B. Schmuck (Bernstein und Larimar), Keramik, Holzfiguren, Korbwaren sowie Flaschen mit Mamajuana erstehen, das Allheilmittel des Landes. Mit dem Kauf von Rum kann man dagegen getrost bis zum Abflug warten. Die Flughafengeschäfte führen auch den 15 Jahre lang gereiften Aniversario von Bermúdez, der nicht umsonst in edle französische Cognacflaschen abgefüllt wird. ■ Calle del Sol, esq. España, tgl. 8–17 Uhr, Plan S. 94 b2

In der Umgebung

Carretera Turística Gregorio Luperón

| Panoramastraße |

17 *Die Fahrt über die Nordkordillere bietet tolle Aussichten bis zum Meer*

Die 60 km lange Carretera 25 führt von Santiago de los Caballeros über die rund 800 m hohe Cordillera Septentrional nach Puerto Plata. In La Cumbre (725 m) kann man eine Bernsteinmine (Tel. 809/696 69 32, Mo–Fr 9–17 Uhr) besuchen und in die Stollen in 60 m Tiefe hinabsteigen (S. 85). Nicht weit entfernt befindet sich eine Kaffeefabrik mit Lehrpfad (»sendero del café«). Obst- und Gemüsestände locken mit Leckereien aus dem Cibao. Im Frühjahr sorgen Korallenbäume für eine orange-rote Farbexplosion.

In La Vega treiben zu Karneval hinkende Teufel mit grässlichen Masken ihr Unwesen

34 San José de las Matas

Schön gelegenes Bergdorf nördlich des Parque Nacional Armando Bermúdez

Das von Santiago über eine kurvenreiche Straße zu erreichende Bergdorf liegt auf 600 m Höhe. »Sajoma« ist Ausgangspunkt für Bergtouren und Wanderungen zu Thermalquellen und Wasserfällen mit Badebecken. Dabei wird man mit herrlichen Ausblicken auf grüne Hügel, Blumenwiesen, Kaffeeplantagen und Obstgärten belohnt. Besonders schön ist es hier zur Zeit der Apfelblüte im März.

ADAC Mobil

Santiago und La Vega sind mit **Expressbussen** von Santo Domingo und Puerto Plata gut zu erreichen, von Santiago fahren **Busse und Guaguas** nach Moca und Salcedo. Nach Jarabacoa und Constanza verkehren ebenfalls Expressbusse, besonders von La Vega. Für Fahrten im Gebirge mietet man am besten ein **geländegängiges Fahrzeug**.

35 La Vega

18 *Karnevalshochburg mit Kolumbussiedlung im fruchtbaren Cibao*

Woher das Gold ihres Schmucks stamme, wollte Kolumbus von den Tainos wissen. »Cibao« (»aus den Bergen«) lautete die Antwort. Der Navigator dachte dabei sofort an das mythische »Cipango« Marco Polos, wie die Europäer Japan nannten. Dass Japan nicht hinter den Bergen der Cordillera Septentrional zu finden war, dämmerte den Spaniern bald, mit dem Gold dauerte das länger. Tabak, Kaffee, Kakao und Reis – das sind die eigentlichen Schätze des fruchtbaren Cibao. Mit deren Export wurde das neue La Vega reich, als um 1900 eine Eisenbahnlinie die Stadt mit Sánchez am Golf von Samaná verband. Gewöhnungsbedürftig ist die moderne Architektur der grauen Catedral Inmaculada Concepción (1992). Im Museo de Carnaval Vegano kann man kunstvolle Karnevalsmasken besichtigen (Padre Adolfo, Mi–So 9–18 Uhr, Tel. 809/5734613, 100 RD-$).

ADAC Mittendrin

La Vega ist stolz auf den ältesten und größten **Karneval** des Landes. Hinkende Teufel (»diablos cojuelos«) mit grässlichen Masken toben jeden Sonntag im Februar durch die Straßen und teilen Schläge (»vejigazos«) mit luftgefüllten Rinder- oder Schweineblasen aus.
In **Santiago** feiert man dafür gleich zweimal im Jahr. Im Februar und August ziehen als Schweine verkleidete Teufel (»lechones«) mit Pappmascheemasken durch die Stadt. Dabei bekämpfen sich zwei rivalisierende Gruppen: La Joya (zu erkennen an ihren gezackten Hörnern) und Los Pepines (mit glatten Hörnern). Hinter den Absperrungen sind Zuschauer vor den mit Sisalseilen ausgeteilten Hieben sicher.

In der Umgebung

Parque Nacional Arqueológico e Histórico de la Vega Vieja

| Ruinenstätte |

Nördlich der heutigen Stadt gründete Kolumbus 1495 die Festung Nuestra Señora de la Concepción, um die bald eine Siedlung entstand. Hier mussten die Tainos im Frondienst Gold aus dem Flusssand waschen. Ab 1507 besaß die Stadt die erste Münzprägeanstalt, aber auch das erste Bordell der Neuen Welt. 1562 machte ein Erdbeben dem unmoralischen Treiben ein Ende.
Etwas abseits der Autopista Duarte wurden die noch 2 m hohen Mauern der Fortaleza de la Concepción sowie kärgliche Mauerreste der Kathedrale und des 1502 errichteten Monasterio de San Francisco freigelegt (tgl. 8–17 Uhr). In dem Kloster ist auch der Theologe und Schriftsteller Bartolomé de las Casas zu Gast gewesen und konnte sich vor Ort davon überzeugen, wie barbarisch die Spanier die indigenen Fronarbeiter behandelten.

Santo Cerro

| Wallfahrtskirche |

Auf dem »Heiligen Berg« ließ Kolumbus 1495 ein kleines Holzkreuz aufstellen, das die Tainos mit ihren Brandpfeilen zu zerstören suchten. Doch eine Erscheinung der Virgen de las Mercedes schleuderte die Pfeile zurück. Entmutigt gaben die Bataillone des rebellischen Kaziken Guarionex auf und ließen sich taufen. Die Wallfahrtskirche, die Kolumbus daraufhin errichten ließ, wurde 1842 durch ein Erdbeben zerstört und 1880 wieder aufgebaut. Am 24. September versammeln sich hier jedes Jahr die Pilger. Vom Hof der Kirche bietet sich ein großartiger Ausblick auf das Cibao-Tal, das Kolumbus »La Vega Real« (»königlicher Garten«) nannte.

36 Moca

Hübsches Städtchen in einem fruchtbaren Anbaugebiet für Kaffee und Kakao

Sehenswert sind die neoklassizistische Iglesia Nuestra Señora del Rosario und die moderne monumentale Iglesia del

Sagrado Corazón de Jesús, deren Turm man besteigen kann. An der Plaza Viaducto hat man auf dem Bruchstück eines Viadukts eine Dampflokomotive abgestellt. Einst schnaufte sie auf der längst stillgelegten Eisenbahnlinie über La Vega hinunter zum Hafen von Sánchez.

In der Umgebung

El Higüerito
| Dorf |
Außerhalb von Moca liegt an der zur Autopista Duarte führenden Straße das Töpferdorf El Higüerito, wo neben schöner Keramik auch die Limé-Puppen (»muñecas sin rostro«) mit Tonerde aus Bonao hergestellt und farbenfroh bemalt werden. Gesichtslos sind sie deshalb, weil kein ethnisches Merkmal bevorzugt werden soll. Die Werkstatt der Familie Jose Marte Polonia, die diese Püppchen seit 1983 herstellt, kann man besuchen (Calle Camboya, Tel. 809/216 59 55, Mo–Sa 8–17 Uhr).

37 Salcedo

Heimatstadt der Schwestern Mirabal, der Heldinnen des Widerstands gegen Trujillo

Aus Salcedo stammen Minerva, Patria und María Teresa, die drei berühmten »Schwestern Mirabal«, auch »Mariposas« (»Schmetterlinge«) genannt, die sich mutig gegen Diktator Trujillo stellten. Dieser ließ sie deshalb 1960 in einem als Autounfall getarnten Mord beseitigen. An der Umgrenzungsmauer der Plazoleta de las Hermanas Mirabal erinnert ein Wandbild an die Heldinnen der Stadt. Bélgica (»Dedé«) Mira-

Das Museo de las Hermanas Mirabal in Salcedo gedenkt der drei berühmten Schwestern

bal (1925–2014), die vierte Schwester, richtete eine kleine Gedenkstätte, das Museo de las Hermanas Mirabal, im Haus der Familie in Ojo de Agua 5 km östlich ein. Sie liegt in einem herrlichen Park mit Bougainvilleen (Av. Duarte, www.casamuseohermanasmirabal.com, Di–Fr 9–17, Sa, So bis 18 Uhr, Tel. 809/587 70 75, 100 RD-$).

38 San Francisco de Macoris

Die Großstadt ist Startpunkt für Ausflüge zu einer Kakaofarm und in den Regenwald

San Francisco de Macoris lag einst – ebenso wie La Vega – an der Eisenbahnlinie und war für die Verarbeitung von Zuckerrohr bedeutend. Heute werden hauptsächlich Kakao und Bananen verarbeitet. 3 km nordwestlich informiert die Kakaofarm Rizek mit dem kinderfreundlich gestalteten Lehrpfad El Sendero del Cacao anschaulich über den Anbau der Pflanzen, die Röstung der Bohnen und die Herstellung von Schokolade (Voranmeldung unter Tel. 809/587 21 66, www.cacaotour.com).

In der Umgebung

Reserva Científica Loma Quita Espuela

| Naturschutzgebiet |

15 km nordöstlich der Stadt lockt das Naturschutzgebiet mit Wanderwegen durch den Regenwald auf den Berg Loma Quita Espuela (942 m) mit Aussichtsturm. Führer erläutern die vielfältige Pflanzen- und Vogelwelt (Eintritt 100 RD-$, Führer 500 RD-$).

Die Bergwelt von Jarabacoa ist ein Paradies für Aktivurlauber

39 Jarabacoa

Zentrum für Aktivurlauber mit Wasserfällen und schäumenden Flüssen

Jarabacoa empfängt den Besucher mit kühler Bergluft. Kiefernwälder wechseln sich mit satten grünen Almen ab, auf denen Kühe grasen, im Frühjahr blühen Apfel- und Birnbäume, und spätestens beim Anblick der zahlreichen Chalets fühlt man sich der Schweiz näher als der Karibik. Am Zusammenfluss von Río Jimenoa und Río Yaque del Norte (Balneario La Confluencia) kann man im seichten, kühlen Wasser baden. Am Wochenende zieht es auch viele Einheimische hierher, aus Lautsprechern schallt Merengue, und eine Bar sorgt für das leibliche Wohl der Gäste.

Restaurants

€ | De Parrillada Exzellente Grillgerichte unweit La Confluencia. ■ Dombori Conneticot 3, Barrio Cerro Alto, Tel. 809/5747656, tgl. 12–22, Fr–So bis 24 Uhr

€€ | Aroma de la Montaña Toller Ausblick oberhalb der Villensiedlung Jamaca de Dios und feine saisonale Küche mit Bio-Zutaten. ■ Ctra. Victor Mendez, Tel. 829/4526879, www.aromadelamontana.com, So–Do 11–22, Fr, Sa bis 23 Uhr

In der Umgebung

Salto Baiguate

| Wasserfall |

Zu Fuß oder per Motoconcho geht es vom Hotel Pinar Dorado 3 km lang durch Erdnussfelder und Tomatenplantagen in einen Canyon mit einem 25 m hohen Wasserfall, in dessen tiefem Naturschwimmbecken man baden kann.

Saltos de Jimenoa

| Wasserfälle |

19 *An den Wasserfällen von Jimenoa wurden Hollywoodszenen gedreht*

Zwei Stunden dauert die Wanderung zu diesen beiden Wasserfällen, die man mit dem Motoconcho abkürzen kann. Großartige Ausblicke entschädigen für die Mühe. Leichter zu erreichen ist der 40 m hohe untere Salto de Jimenoa II, Baden ist hier allerdings wegen starker Strömungen nicht möglich. Der obere Salto de Jimenoa I stürzt 60 m in die Tiefe. In dieser magischen Umgebung wurde eine Szene für »Jurassic Park« gedreht.

Reserva Natural del Ebano Verde

| Naturschutzgebiet |

Die direkte Piste nach Constanza führt an diesem kleinen Schutzgebiet vorbei.

Hier trifft man Ebenholz-, Nebel- und Bergpalmwälder an. Rund ein Drittel der hier wachsenden 600 Pflanzenarten kommen nur auf Hispaniola vor.

40 Constanza

Luftkurort hoch in den Bergen der »dominikanischen Schweiz«

Information

■ Secretaría de Estado de Turismo, Duarte, esq. Matilde Viñas, Tel. 809/5392900, www.constanza.com.do, Mo–Fr 8–18 Uhr

Mit dem Werbespruch »Ein Paradies ohne Sommer« lockt der kühle, 1200 m hoch gelegene Luftkurort noch immer in erster Linie Einheimische. In den 1950er-Jahren holte Trujillo japanische Familien ins Land, die hier eine Terrassenlandschaft mit Kaffeeplantagen, Obstgärten und Gemüse-, Salat- und Kartoffelfeldern anlegten. Am Straßenrand werden Erdbeeren und Pfirsiche verkauft. Ein schöner Ausflug führt zu den weiß schäumenden Wasserfällen Salto de Aguas Blancas.

In den Bergen rund um Constanza gedeihen Kaffee, Obst, Gemüse und Salat

Restaurants

€ | **Aguas Blancas** Gute lokale Küche wie Zicklein, Sancocho und Hühnchen. ■ Rufino Espinosa 54, Tel. 809/5391561, Mo–Fr 11–22, Sa, So 9–23 Uhr

In der Umgebung

Reserva Científica Valle Nuevo
| Naturschutzgebiet |

20 *Die herbe, kühle Landschaft ist ein Paradies für seltene Pflanzen*

Bis zu 5 Stunden mit einem robusten Jeep muss man für die Fahrt von Constanza nach San José de Ocoa auf der 90 km langen Carretera 41 einkalkulieren. Sie führt immer wieder an Abgründen vorbei und weicht in der Regenzeit gefährlich auf. Für die Strapazen entschädigt das Schutzgebiet des Valle Nuevo mit Akazien, Kiefern, Stechpalmen und dominikanischen Magnolien. Fast hundert Pflanzenarten gedeihen nur hier. Mit durchschnittlich 9 °C ist die Hochebene rund um den 2842 m hohen Alto Bandera das kälteste Gebiet des Landes. Stellenweise sprenkeln Felsen eine steppenähnliche Landschaft.

41 Parques Nacionales Armando Bermúdez und José del Carmen Ramírez

21 *In der Hochgebirgsregion erhebt sich der höchste Berg des Landes*

Der Pico Duarte liegt, mit einem weiteren Dreitausender, dem Pico

Im Blickpunkt

Aufstieg zum Pico Duarte

Der mit 3098 m höchste Berg der karibischen Inselwelt wurde erst 1944 erstmals bezwungen. Eine 35 km lange Piste führt von Jarabacoa durch das tief eingeschnittene Tal des Río Yaque del Norte zum Dorf La Ciénaga. Am nächsten Morgen geht es mit Mulis oder zu Fuß durch dichte Bambuswälder am rauschenden Fluss entlang, den man auf schwankenden Hängebrücken überquert. Dann führt der Weg steil durch dichten Bergregenwald. An den Bäumen wachsen Epiphyten, Bromelien fangen das Wasser in ihren Blütenkelchen auf, Lianen, Baumfarne, Moose und Flechten bereichern die Landschaft um weitere saftige Grüntöne. Immer wieder schöpft man an Quellen und Bächen köstlich frisches Wasser. Schließlich lösen Hispaniola-Kiefern den Laubwald ab. 2400 m hoch liegt die Schutzhütte La Compartición, in der man eine kalte Nacht verbringt. Da sich der Berg am Nachmittag in Wolken und Regenschauer hüllt, werden die letzten 700 Höhenmeter erst am nächsten Morgen bewältigt. Der Wald lichtet sich, dann belohnt eine unvergleichliche Fernsicht die Mühe. Der Wind heult um die Büste des Staatsgründers Duarte und lässt die dominikanische Fahne flattern.

la Rucilla, an der Grenze der beiden artenreichen Nationalparks, die eine Fläche von über 1500 km² schützen. An der Nordflanke der Cordillera Central fallen jährlich bis zu 4000 mm Regen. Im Winter lassen Kälteeinbrüche mit Schneefällen die Temperaturen bis auf minus 9 °C sinken.

Die Bergwälder sind Lebensraum für viele Vogelarten. In Palmkronen nistet der Palmschmätzer (*Dulus dominicus*), der dominikanische Nationalvogel, den man an seinem schwarz-weiß gemusterten Bauch erkennt. Auch Hispaniola-Amazonen, Rosentrogone, Streifenspechte, Berg- und Trauertauben sowie Rotschwanzbussarde trifft man hier an. Durch das Unterholz streifen Zagutis (Baumratten), Bergleguane und aus Europa eingeführte Wildschweine, die schon die französischen Bukaniere jagten.

Übernachten

Vom Businesshotel in Santiago de los Caballeros bis zum alpenländisch anmutenden Chalet in den Bergen oder einer Ökoranch mit Abenteuersport: Das Übernachtungsangebot im Cibao und der Cordillera Central ist vielfältig und meist angenehm preiswert.

Santiago de los Caballeros 92

€ | **Via Emilia B&B** In der Nähe des Centro León bietet dieses kleine freundliche Gästehaus des Italieners Alessandro sichere und saubere Unterkunft. 3 Zimmer und 1 Apartment (4 Pers.) jeweils mit Bad, TV und WLAN. Frühstücksraum und kleines italienisches Restaurant. ■ Estado de Israel 16, esq. Avenida Pablo Duarte, Tel. 809/820 66 09, www.viaemiliasantiago.com

€€ | **Camp David Ranch** 15 Minuten Autofahrt außerhalb der Stadt in den Hügeln gelegen. Die 17 modernen klimatisierten Zimmer sind mit allem Komfort ausgestattet und bieten Kingsize-Betten, kleine Marmorbäder und Topaussicht ins Tal. Noch besser ist die Panoramaaussicht von der Terrasse des Restaurants, das erstklassige mediterrane und kreolische Küche serviert. Unbedingt reservieren. Im Foyer sind Oldtimer zu bewundern, die Diktator Trujillo gehörten, darunter ein schwarzer 1956-er Cadillac Fleetwood. ■ Carretera Gregorio Luperón Km 7,5, Tel. 809/276 64 00, www.campdavidranch.com

€€ | **Hodelpa Centro Plaza** Ideal für alle, die ganz zentral in der Haupteinkaufsstraße und in der Nähe der Sehenswürdigkeiten wohnen möchten. Die 85 Zimmer sind zwar relativ klein und etwas nüchtern, aber komfortabel und wurden unlängst renoviert. Restaurant und Fitnessraum, Casino gegenüber, bewachter Gratis-Parkplatz, kostenloser Shuttlebus zum Flughafen. ■ Calle Mella 54, esq. Sol, Tel. 809/581 70 00, www.hodelpa.com

San José de las Matas 97

€€ | **Villas del Lago & Camping** B&B Lodge etwa auf halbem Weg zwischen Santiago und San José de las Matas mit tollem Ausblick auf den Stausee Presa Taveras. 8 schöne DZ mit Terrasse und Hängematten (jeweils 2 Zimmer teilen sich ein Bad). Außerdem kann man direkt am See auch zelten und die Einrichtungen nutzen. Organisiert Reitausflüge und Kajaktouren. ■ Yaque Abajo, Tel. 829/558 89 83, www.villasdellagoresort.com

La Vega 97

€ | **Hotel El Rey** In der Regel übernachtet man in La Vega nicht, doch zur Karnevalszeit empfiehlt sich diese zentral gelegene Unterkunft (rechtzeitig reservieren!). Klimatisierte Zimmer mit breiten Betten, TV, Kühlschrank und Dusche. Restaurant und Nachtclub vor Ort. ■ Don Antonio Guzmán 3, Tel. 809/573 97 97

Jarabacoa 101

€ | Jarabacoa Mountain Hostel Molly und Rudolfo bieten eine verblüffend günstige Unterkunft im recht zentralen Viertel La Joya. Schöne Zimmer (Betten mit Tempur-Matratzen!) mit TV (auch Netflix), Terrasse und gemeinschaftlich genutzter Lounge, Küche und Waschmaschinen. Besonders zu empfehlen ist das Zimmer mit Bad, Jacuzzi und Regendusche. Kostenlose Parkplätze, Garten mit Grillbereich. Kostenloses WLAN. ■ Calle de los Pintores 2, Nähe Rancho Ruiseñor, Tel. 809/574 61 17, www.jarabacoahostel.com

€€ | Rancho Baiguate Das besonders bei internationalen Touristen beliebte Resort ist ideal für alle Aktivurlauber. Besonders begehrt sind die angebotenen Rafting-Touren auf dem Río Yaque del Norte und die Expedition zum Gipfel des Pico Duarte. Im Programm sind auch Mountainbiking und Ausritte. Insgesamt 27 relativ schlichte Zimmer, darunter einige modernere Suiten mit breiten Betten und verglasten Duschen. Außerdem Schlafsäle für Rucksackreisende. Buffetrestaurant und großer, allerdings schattenloser Pool. ■ Av. Pedregal, Tel. 809/574 49 40, www.ranchobaiguate.com

Constanza 102

€€ | Altocerro Hotel mit Zimmern und Suiten sowie Cabanas für Selbstversorger (Bad, TV und WLAN) in den Hügeln von Constanza mit tollem Balkonblick. Restaurant mit traditionell dominikanischer Küche, sehr freundlicher Service. ■ Colonia Kennedy, Tel. 809/539 15 53, reservas@altocerro.com, www.altocerro.com

ADAC Das besondere Hotel

Die **Villa Pajón Eco-Lodge** mit 7 Cabanas liegt inmitten eines herrlichen Gartens mit Hortensien etwa 20 km außerhalb von Constanza auf fast 2300 m Höhe im unberührten Parque Nacional Valle Nuevo. Man kann selbst in der eigenen Küche mitgebrachte Mahlzeiten zubereiten oder sich dominikanische Gerichte in die Hütte liefern lassen bzw. im Speiseraum einnehmen. Solarstrom gibt es von 19 bis 22 Uhr, außerdem zündet das Personal abends in den Cabanas ein gemütlich flackerndes Kaminfeuer an. Direkt vor der Lodge starten zwei Wanderwege, außerdem werden Reitausflüge organisiert.

€€€ | Valle Nuevo, Constanza, Tel. 809/334 69 35, www.villapajon.do

Lago Enriquillo und der wilde Südwesten

Dominikanische Republik für Individualisten: traumhafte Küstenlandschaften, kühle Badeflüsse und wüstenhafte Kakteenlandschaften

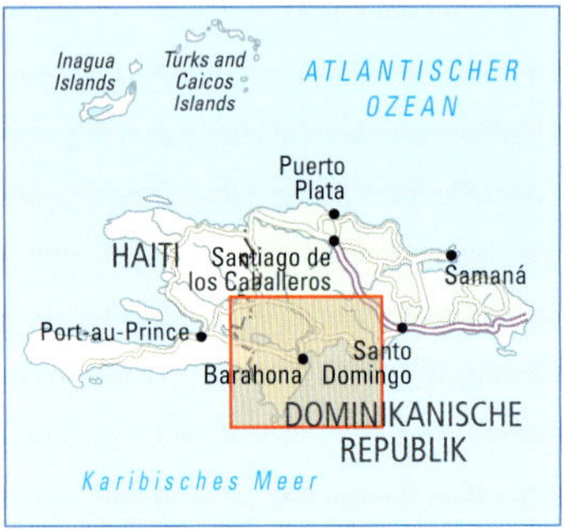

Flüsse, die sich von grünen Bergen ins Meer stürzen, Kiefern- und Nebelwälder, in denen der beste Kaffee des Landes gedeiht, eine atemberaubende Küstenstraße, staubtrockene Kakteenlandschaften mit einem blau funkelnden Salzsee und blendend weiße, oft völlig einsame Sandstrände – ein Wunder, dass der Südwesten der Dominikanischen Republik bislang vom Massentourismus verschont geblieben ist. Noch landet auf dem ausgebauten Flughafen von Barahona kaum ein internationaler Jet, und man übernachtet meist in liebenswerten kleinen Boutiquehotels.

Die Region war schon immer eine Zufluchtsstätte, sei es für Individualtouristen, Piraten oder – vor einem halben Jahrtausend – die Ureinwohner Hispaniolas, die Tainos. In manchem bronzefarbenen Gesicht lassen sich noch indigene Züge erahnen, und viele strohgedeckte Hütten auf dem Land erinnern an die »bohios« der Tainos. Die Gastfreundschaft der meist in bescheidenen Verhältnissen lebenden Einheimischen ist oft überwältigend.

In diesem Kapitel:

ADAC Top Tipps:

ADAC Empfehlungen:

22 Reserva Antropológica El Pomier

| Höhlen |

In diesem weit verzweigten Karsthöhlensystem haben Tainos und Kariben bis zu 2000 Jahre alte Tierzeichnungen auf den Felsen hinterlassen. 108

23 Ostküste der Península Bahoruco

| Küste |

Die an der Ostküste der Halbinsel entlangführende Panoramastraße bietet traumhafte Aussichten auf ein türkis bis tiefblau schillerndes Meer mit wilden Stränden. In den freundlichen Dörfern laden kristallklare, kühle Flussbecken zum Baden ein. 116

24 Laguna de Oviedo

| Salzwasserlagune |

Die Lagune ist ein wahres Vogelparadies, in dem Rosaflamingos und Rosalöffler pinke Akzente setzen. 120

25 Bahía de las Águilas

| Bucht |

Der fast endlose Puderzuckerstrand dieser kristallklaren türkisblauen Bucht im Parque Nacional de Jaragua gilt als der vielleicht schönste des ganzen Landes. 120

42 San Cristóbal

In der Umgebung der Stadt kann man baden und Taino-Höhlen besuchen

Die Stadt verdankt ihren Namen einer angeblich von Bartolomé Colón Anfang des 16. Jh. an der Mündung der goldführenden Flüsse Haina und Nigua errichteten Festung. Das heutige San Cristóbal wurde Anfang des 19. Jh. gegründet. Am 6. November 1844 unterzeichnete man hier im Rathaus die erste Verfassung der Dominikanischen Republik. Diktator Trujillo bedachte 1939 seine Geburtsstadt mit dem Titel »Verdienstvolle Stadt« – eine Ehre, die man nach 1961 schnell wieder loszuwerden trachtete. Trujillos Villa, die »Casa de la Caoba«, ist inzwischen eine Betonruine, während der Stahlbeton des noch scheußlicheren Palacio del Cerro auf einem Hügel südwestlich der Stadt hartnäckig allen Wirbelstürmen trotzt. Freundlicher gibt sich der schattige Hauptplatz Parque Central mit Kolumbusbüste und Pavillon. In der 1946 errichteten neoklassizistischen Kirche Parroquía de Nuestra Señora de Consolación ruhte 1961 für wenige Monate der von Kugeln eines von der CIA ausgebildeten Kommandos durchsiebte Leichnam des Generalissimo, bevor man ihn außer Landes schaffte. Die Strände im Süden werden fast ausschließlich von Hauptstädtern frequentiert.

In der Umgebung

Playa Palenque

| Strand |

Der Badestrand mit grauem Sand ist bei Hauptstädtern sehr beliebt, die sich hier das in zahlreichen Buden servierte köstliche Seafood schmecken lassen. Am attraktivsten ist der »Cocolandia« genannte Abschnitt.

Balneario de la Toma

| Badelagune |

Das Süßwasserbecken im Norden der Stadt mit jadefarbenem Wasser wird von einem Flüsschen gespeist. Auf Leitern oder Rutschen geht es hinunter ins kühle Nass. Am Wochenende herrscht hier viel Trubel.

Reserva Antropológica El Pomier

| Höhlen |

22 *Weit verzweigtes Höhlensystem mit indigenen Felszeichnungen*

Das anthropologische Schutzgebiet umfasst ein System aus über 50 mit-

In der Nähe von San Cristóbal garantiert die Playa Palenque ungetrübten Badespaß

einander verbundenen Karsthöhlen, deren Wände mit bedeutenden, bis zu 2000 Jahren alten Piktogrammen der Tainos und Kariben verziert sind. Sie stellen besonders Vögel und andere Tiere dar. Nur wenige Besucher finden den Weg in die fünf zugänglichen Höhlen. Sie sind beleuchtet, wenn nicht gerade der Strom ausfällt. Angst vor Fledermäusen sollte man aber nicht haben. Am leichtesten zu besichtigen ist die erste Höhle, in der allein an die 600 Tierzeichnungen zu sehen sind. Hier sichern Geländer den rutschigen Weg. Auch die geologischen Formationen sind hochinteressant. Am besten engagiert man am Parque Central von San Cristóbal ein Motoconcho als Lotsen bis zum nicht ganz einfach zu findenden Eingang.

■ Tel. 809/7215965, tgl. 9.30–17 Uhr, 100 RD-$, Führer 300 RD-$

43 Baní

Die schmucke kleine Stadt hat kubanische Geschichte geschrieben

Baní wurde im 18. Jh. von Einwanderern von den Kanarischen Inseln gegründet und kam durch Zuckerrohr, Kaffee und Salzgewinnung zu Wohlstand. An der Küste sind bei Nigua noch die Ruinen von zwei kolonialen Zuckerfabriken zu besichtigen. In der hübschen Stadt wurde 1836 Máximo Gómez geboren, der sich als Waffengefährte von José Martí und General der kubanischen Freiheitskämpfer auszeichnete. In einem kleinen Park

Eine Wanderung durch die Dünen bei Las Calderas vermittelt Wüsten-Feeling

erinnern ein Denkmal, ein Pflock seiner Geburtshütte und einige Wandmalereien an den großen, 1905 auf Kuba gestorbenen Mann. Im modernen Rathaus wurde ihm zu Ehren ein kleines Museum eingerichtet. In Baní wird das Konfekt »dulce de leche« hergestellt, und auch die süßesten Mangos des Landes gedeihen hier.

In der Umgebung

Las Calderas

| Dünenlandschaft |

Die Halbinsel Las Salinas besitzt nicht nur eine große Saline, sondern auch einen bei Windsurfern beliebten Strand an der Bahía Las Calderas. Faszinierend sind die riesigen, bis zu 35 m hohen Sanddünen mit fabelhaftem Ausblick. Die Straße in das Dörfchen Las Calderas führt durch eine Marinebasis (nicht fotografieren!).

■ Eintritt 100 RD-$

44 Azua de Compostela

Die Stadt besitzt den schönsten Friedhof des Landes

1504 gründete Diego Velázquez, der Eroberer Kubas, den Ort, der damals allerdings etwa 15 km südlich am Meer lag. Der spätere Eroberer des Aztekenreichs Hernán Cortés war hier von 1505–11 Stadtschreiber. Hier soll 1535 der Taino-Rebell Enriquillo gestorben und in der Kirche von Santa María de Azua begraben worden sein. Im heutigen Pueblo Viejo sind noch Ruinen aus der frühen Kolonialzeit zu sehen. Später wurde Azua von kanarischen Siedlern an der heutigen Stelle wiederaufgebaut. Am 8. November feiern die Einheimischen ihr Patronatsfest zu Ehren der Nuestra Señora de los Remedios. Eine kulinarische Spezialität des Ortes ist Ziegenkäse, der mit Maniokkuchen gegessen wird.

Sehenswert

Parque Central
| Platz |
Der schattige Hauptplatz der Stadt besitzt einen gelben Pavillon aus der Trujillozeit. Der Park ist umgeben von hübschen Arkadenhäusern und der gelbweiß gestrichenen Kirche.

Campo Santo
| Friedhof |
Der schöne vor der Stadt liegende, typisch dominikanische Friedhof sieht mit seinem weißen Meer aus Grabkapellen sehr malerisch aus.

ADAC Spartipp

Entlang der Straße von Azua zum Lago Enriquillo verkaufen Bauern köstliche Bananen. Das Wort »banana« kennt hier allerdings niemand. Die großen, grünen »plátanos« genannten **Kochbananen** werden von Einheimischen geschätzt und begleiten fast jede Mahlzeit. In Bars werden sie gern als Chips gereicht. Roh sind sie aber ungenießbar. Touristen stürzen sich dagegen gern auf die kleinen, dicken »guineas« mit rötlicher Schale – eine himmlisch süße Geschmacksexplosion und noch dazu spottbillig.

45 San Juan de la Maguana

Kolonialstadt mit einer alten Zeremonialstätte der Tainos

Etwas nördlich der 1504 von Diego Velázquez gegründeten Stadt, die noch einige schöne viktorianische Häuser besitzt, liegt der Zeremonienplatz eines Taino-Stammes, der unter dem Kaziken Caonabo den Spaniern erbitterten Widerstand leistete und systematisch ausgerottet wurde. In der Mitte der kreisförmig angeordneten Steine steht eine Säule mit eingemeißeltem Gesicht.

ADAC Mobil

Zwischen Santo Domingo und Barahona herrscht reger Verkehr mit komfortablen **Bussen** (über San Cristóbal, Baní und Azua). Von Barahona fahren **Guaguas** am Nordufer des Lago Enriquillo entlang zum Grenzort Jimaní. Auch zwischen Barahona und El Paraíso verkehren tagsüber Guaguas, einige fahren weiter bis Pedernales.

46 Barahona

Die Hafenstadt ist das Tor zur grandiosen Küstenlandschaft des Südens

Bis heute ist das 92000 Einwohner zählende Barahona eine staubige Hafenstadt, deren internationaler Flughafen im Dämmerschlaf liegt. Hier verbringt man allenfalls eine Nacht. Am vernachlässigten Malecón gibt es einige Bars und offene Tanzclubs.

Sehenswert

Parque Central
| Platz |
Der Hauptplatz der Stadt ist von einigen hübschen viktorianischen Häusern umgeben. Dazu gehören die rotweißblau gestrichene Parteizentrale des Partido Revolucionario Dominicano, an

Im Blickpunkt

Das Schicksal der Tainos

Die Tainos gehörten zur Gruppe der Arawak, die aus den Urwäldern Venezuelas und der Orinoco-Mündung in mehreren Wellen eingewandert waren. Hispaniola nannten sie »Ayti« (»gebirgiges Land«), aber auch »Quisqueya« (»Mutter der Erde«). Die Tainos besaßen die höchstentwickelte indianische Zivilisation der Karibik. Sie lebten von Fischfang und Landwirtschaft und bauten Mais, Maniok, Yucca, Ananas, Tabak und Baumwolle an. Ihre Kanus, die sie aus ausgehöhlten Baumstämmen fertigten, konnten bis zu 20 Personen befördern. In Holzskulpturen, Masken und Amuletten verehrten sie zahlreiche Schutzgeister (»cemis«), die sie auch auf Höhlen- und Felswänden abbildeten. Ihre wichtigste religiöse Zeremonie war der Cahoba-Kult, bei dem man den Rauch halluzinogener Pflanzen einatmete.

Aufstände der Tainos schlugen die Konquistadoren mit ihren überlegenen Waffen nieder. Mit der Ankunft der spanischen Eroberer mussten die Indígenas Tribute in Form von Goldstaub, Baumwolle oder Lebensmitteln aufbringen und wurden spanischen Kolonisten als Zwangsarbeiter zugeteilt. Wer nicht an den Folgen der Fron oder an den von den Europäern eingeschleppten Krankheiten starb, den ließ Gouverneur Nicolás de Ovando ermorden. Der Kazike Caonabo starb 1496 auf dem Schiff, das ihn nach Spanien bringen sollte. Seine Frau Anacaona, die Königin von Jaragua, wurde in Santo Domingo ohne Urteil wegen angeblichen Verrats vor der Kathedrale gehängt. Auch Cotubanama, der Kazike von Higüey, endete am Galgen.

der das Stadtwappen prangt, das alte Postgebäude der Correos y Telecomunicaciones mit einem kuriosen Fresko, das eine dralle Nackte mit einem Skelett zeigt, und in einer Nebenstraße die rotblau gestrichene Feuerwehrzentrale Cuerpo de bomberos (Jaime Mota 18).

Restaurants

€ | **Brisas del Caribe** Etwas außerhalb am Ende des Malecón wird in luftigem, ruhigem Ambiente gute lokale Küche serviert, auch Fisch und Meeresfrüchte. ■ Carretera del Batey Central, Tel. 809/524 27 94, tgl. 9–23.30 Uhr

47 Cabral

Die Karnevalshochburg ist Ausgangspunkt für Ausflüge zur Laguna del Rincón

Cabral ist für seinen sehr afrikanisch geprägten Karneval bekannt, in dem die »cachúas« – als gehörnte Teufel mit Fledermausflügeln Verkleidete – von Karsamstag bis Ostermontag durch den Ort toben. Auf dem Friedhof holen sie mit Hieben auf die Grabsteine verstorbene »Kollegen« symbolisch aus den Gräbern und lassen sie an den Feierlichkeiten teilhaben. Am Ostermontag bringt man die unsichtbaren Karnevalisten in einem rituellen Trauerzug auf den Friedhof zurück und verbrennt eine Judaspuppe auf dem Dorffriedhof.

In der Umgebung

Laguna del Rincón
| Lagune |
Die mit 30 km² größte Süßwasserlagune des Landes ist ein wissenschaftliches Schutzgebiet. Ihr Ufer säumen subtropischer Trockenwald und rote Mangroven. Hier tummeln sich Nashornleguane, weiße Reiher und zahlreiche weitere Wasservögel, darunter zwischen Januar und März Tausende Enten aus Nordamerika. Ein Fußweg führt zu mehreren Aussichtspunkten, es werden auch Bootsfahrten angeboten. ■ Tgl. 8–18 Uhr, 50 RD-$

Das Bergdorf Polo liegt inmitten üppig grüner Hügel

48 Polo

Das malerische Bergdorf ist für seinen Kaffee bekannt

Schon die Fahrt auf der Carretera 533 von Cabral hinauf nach Polo ist ein landschaftlicher Hochgenuss. Die Luft wird merklich kühler, farbenfrohe Hütten und Felder mit gelben Blumen säumen den Weg. Auf halber Strecke schaltet man an einem ausgeschilderten Punkt, dem »Polo Magnético«, das

Fahrzeug in den Leerlauf: Es scheint ganz offensichtlich einen Hang hinaufzurollen! Diese optische Täuschung verwirrt Besucher schon seit Jahrzehnten. Die Einheimischen machen magnetische Kräfte für das Phänomen verantwortlich.

Polo selbst liegt 762 m über dem Meeresspiegel, und in den üppig grünen, kühlen Hügeln der Umgebung gedeiht – neben Bohnen, Zitrusfrüchten und Kürbissen – der beste Kaffee der Dominikanischen Republik. Vor Ort bieten mehrere Pflanzer und Kooperativen Führungen durch ihre Plantagen und Produktionsstätten an, darunter Café Toral (Tel. 849/858 12 31), Cooperativa Simona Esmeralda Feliz (Tel. 809/993 28 11) und Cafeto Madre (Tel. 829/719 36 03). Ende September feiert Polo mit dem »Festicafé« das Ende der Erntesaison.

49 Parque Nacional Lago Enriquillo e Isla Cabritos

10 *Rund um den Salzwassersee glaubt man sich nach Mexiko versetzt*

Information

- Centro de información, 3 km östl. von La Descubierta, Tel. 809/880 08 71, tgl. 8–17 Uhr
- Isla Cabritos: 100 RD-$

Der 406 km² große Nationalpark umfasst den gleichnamigen flachen, etwa 35 km langen Salzwassersee (260 km²) mit der Isla Cabritos und nimmt den Westteil der bis zu 40 m unter dem Meeresspiegel liegenden heißen Enriquillo-Senke ein. Der See ist ein ehemaliger Meeresarm, der sich einst zwischen den Bergen der Sierra de Neiba im Norden und der Sierra de Baoruco im Süden erstreckte. Man erreicht den von Mangroven und Kakteen gesäumten Lago Enriquillo, dessen Wasserspiegel seit Jahren bedenklich steigt, auf der zur haitianischen Grenze nach Jimaní führenden Straße. Temperaturen von 45 °C sind hier durchaus üblich, es wurden sogar schon Spitzenwerte von bis zu 55 °C gemessen.

ADAC Wussten Sie schon?

Anfang des 16. Jh. führte der getaufte **Kazike** (so hießen die Häuptlinge der Tainos) **Enriquillo** einen erbitterten Kleinkrieg gegen die spanische Kolonialmacht. Im unzugänglichen Bergland der Sierra de Baoruco und Sierra de Neiba wehrte er als Anführer der rebellischen Jaragua sämtliche Attacken der Spanier ab. Großmütig schickte er gefangengenommene spanische Soldaten meist unversehrt zurück. Davon beeindruckt, handelte Kaiser Karl V. höchstpersönlich mit Enriquillo einen **Friedensvertrag** aus. Darin wurde der Taino zum »Caballero« geadelt, und man gestattete es ihm, ein Reservat zu gründen, in dem er und seine Anhänger unbehelligt leben durften. Bereits drei Jahre später starb Enriquillo und wurde vermutlich in der Kapelle von Azua Vieja beigesetzt. 1560 lebten auf Hispaniola nur noch 13 Ureinwohner. An der von der Laguna del Rincón nach Duvergé führenden Carretera 46 steht an der Abzweigung nach Neiba eine **Bronzestatue** des mit einer Lanze bewaffneten Freiheitshelden.

Auf der Isla Cabritos im Lago Enriquillo bestimmen Trockenwälder mit Kakteen das Bild

Sehenswert

Neiba

| Dorf |

Die Palmenoase ist das Weinbauzentrum der Dominikanischen Republik. Im August findet alljährlich das Traubenfest »Feria Nacional de la Uva« statt. Trauben und Marmelade schmecken besser als der Wein. Von Neiba führt die Carretera Enriquillo am nördlichen Seeufer entlang.

Las Caritas

| Felszeichnungen |

Bei Postrer Río entdeckt man direkt oberhalb der Straße den Eingang zu den Höhlen von Las Caritas, in denen sich Enriquillo mit seinem Stamm verborgen gehalten haben soll. An den Höhlenwänden sind Felsritzungen der Taino zu erkennen: Sie erinnern an von Kindern gezeichnete Strichmännchen.

La Descubierta

| Dorf |

Hier bietet sich die Möglichkeit, mit dem Boot morgens um 8 Uhr zur Isla Cabritos überzusetzen (3500 RD-$ pro Gruppe inkl. Führer). Auf der schattenlosen, brüllend heißen Kakteeninsel sind Spitzkrokodile (frühmorgens), Nashorn- und Hispaniola-Leguane und zahlreiche Wasservögel zu beobachten, darunter Rosalöffler und Ibisse.

50 Parque Nacional Sierra de Bahoruco

Unberührter artenreicher Nationalpark mit faszinierenden Waldlandschaften

Information

- Parkeingang an der Carretera 541 in Puerto Escondido südlich von Duvergé, 100 RD-$

Zusammen mit dem Parque Nacional de Jaragua und dem Parque Nacional Lago Enriquillo bildet dieser 1225 km² große Nationalpark das erste Biosphärenreservat der UNESCO in der Dominikanischen Republik. Es umfasst eine Vielzahl von Ökosystemen – von Pinienwäldern bis hin zu Laub-, Dorn- und Nebelwäldern –, die bis zu 2286 m über dem Meeresspiegel reichen. Mehr als hundert verschiedene Vogelarten hat man hier gezählt, darunter 32 endemische, also nur hier anzutreffende Spezies wie Hispaniola-Papagei, Haiti-Sittich oder Schmalschnabeltodi. Dazu kommen über zehn endemische Amphibienarten und über 180 Orchideenarten. Mit einem robusten Jeep kann man zum Talkessel Hoyo de Pelempito fahren, eine vor Jahrmillionen eingebrochene Höhle. Von der Beobachtungsplattform bietet sich ein grandioser Rundblick über die Sierra.

51 Ostküste der Península Bahoruco

23 *Traumhafte Küstenstraße mit wie Perlen aufgereihten Badeorten*

An der grünen Ostküste der Halbinsel Bahoruco führt die spektakulärste Panoramastraße der Dominikanischen Republik entlang: Berge auf der einen Seite, ein in unzähligen Blau- und Grüntönen schimmerndes Meer auf der anderen. Viele kleine Strände säumen die Ostküste, die wegen des vorgelagerten Korallenriffs zu den besten Tauchgründen des Landes zählt.

Auf einer Fahrt entlang der Küstenstraße eröffnen sich herrliche Ausblicke aufs Meer

Sehenswert

Playa Quemaíto

| Strand |

Südlich des Straßendorfs Juan Estebán zweigt die Straße zu einem weißsandigen, breiten und von einem Riff geschützten Strand mit in den Küstenbergen entspringenden Süßwasserquellen ab, die zu einem erfrischenden Bad einladen.

Baoruco

| Strandort |

Der palmengesäumte kiesige Hauptstrand von Baoruco ist bei Profisurfern sehr beliebt. Hier finden auch internationale Wettbewerbe statt. Baden sollte man aufgrund gefährlicher Strömungen aber nicht.

Im Blickpunkt

Larimar, der türkisblaue Halbedelstein

Etwa 20 km südlich von Barahona ist eine Mine zu besichtigen, in der Larimar abgebaut wird. Der nur in der Dominikanischen Republik vorkommende türkisblaue Halbedelstein, ein sog. »blauer Pektolit«, wird poliert, zu hübschem Schmuck verarbeitet und fehlt in keinem Souvenirladen des Landes. Der Kunsthandwerker Miguel Mendez hat den Stein 1974 als Erster verarbeitet und vertrieben. Er benannte ihn nach seiner Tochter Larissa und dem Meer (»mar«), da die ersten Stücke am Strand gefunden wurden. Der in der Sierra de Bahoruco entspringende Fluss hatte sie aus den Bergen dorthin gebracht. Die in La Ciénaga zur Mine abzweigende Piste ist nur mit Allradantrieb befahrbar (1 Std.). Hier kann man schöne Steinbrocken preiswert erwerben.

La Ciénaga

| Strandort |

Der Sandstrand der glasklaren Bucht von La Ciénaga ist bei Schnorchlern sehr beliebt. Bald soll hier das Resort Perla del Sur mit Marina und 13 Hotels bzw. Apartmentanlagen entstehen. Mit dem Tourveranstalter »Guanaventuras« (S. 118) kann man herrliche Ausflüge mit Geländewagen und anschließender Wanderung in die kühle Sierra unternehmen, so zum Balneario La Plaza, einem mitten im Wald gelegenen Badebecken des Río Bahoruco mit türkisfarbenem Wasser und nahem

Im Blickpunkt

Nachhaltiger Tourismus

Die 2008 von 35 Frauen mit Unterstützung der Französischen Botschaft gegründete »Cooperativa Para el Desarrollo de La Ciénaga« (COOPDECI) ist eine kommunale Initiative, die auf nachhaltige Landwirtschaft, Umweltschutz und sanften Tourismus setzt. Die Erlöse kommen zu 100 % der Gemeinde zugute. All inclusive einmal anders, nämlich gemeinsam mit den Einheimischen!
Im kleinen Restaurant Delicias De Mi Siembra (www.demisiembra.com) neben dem Büro der Kooperative an der Hauptstraße von La Ciénaga wird ein Mittagessen mit einheimischen Spezialitäten für nur 120 RD-$ serviert. Hier kann man auch köstliche Marmeladen kaufen, die mit Früchten aus der Sierra wie Mango, Guave, Guanábana oder Bitterorange zubereitet werden. Außerdem organisiert die Kooperative Übernachtungen mit Frühstück bei Einheimischen in Strandnähe für 650 RD-$ pro Nacht. Man spricht etwas Englisch.
»Guanaventuras«, der Tourveranstalter der Kooperative, organisiert Ausflüge zum Balneario La Plaza, zur Cueva de la Virgen und zur Larimar-Mine und unternimmt Schnorcheltouren mit Fischerbooten in der Bucht von La Ciénaga. Am besten kontaktiert man den Tourführer Aurelino Feliz, der Flora und Fauna der Region wie kein anderer kennt (Tel. 809/461 34 24, www.guanaventuras.com).

Wasserfall (3000 RD-$) sowie zur großen Höhle Cueva de la Virgen mit Badebecken und zahlreichen Wasserfällen in der Umgebung (5000 RD-$).

San Rafael

| Strandort |

Hier stürzt ein Bach in Mini-Kaskaden, die für herrliche Rückenmassagen sorgen, über kleine smaragdgrüne Becken ins Meer. Unmittelbar vor dem kiesigen Strand (gefährliche Strömungen) bildet er ein großes sicheres Badebecken (Balneario de San Rafael), in dessen kühlem Süßwasser sich am Wochenende viele Einheimische tummeln. Für wenige Pesos kann man sich hier einen Fisch braten lassen.

El Paraíso

| Strandort |

Auch an diesem idyllischen Strand mit türkisfarbenem Meer, aber riskanten Strömungen mündet ein Flüsschen ins Meer, und auf der Weiterfahrt nach Süden lassen sich noch manche Süßwasserlagunen entdecken. Man flaniert in El Paraíso gerne den kurzen Malecón am Parque Central entlang, sieht den Anglern zu und zischt ein kühles Bierchen, das an zahlreichen Buden verkauft wird. Während der »Fiestas Patronales« Mitte Januar toben hier viele ausgelassene rum- und musikgeschwängerte Partys.

Los Patos

| Strandort |

Die Szenerie ähnelt der Playa San Rafael, ist aber noch etwas ursprünglicher. Auch hier badet man lieber im seichten, schattigen Naturschwimmbecken der Flussmündung als am gefährlichen Strand. Enten und Reiher gucken dabei zu. Buden servieren frisch gegrillten

Fisch und kühle Getränke zu vernünftigen Preisen.

Restaurants

€ | Luz Die charmante Besitzerin serviert auf einer Terrasse mit Strandblick fangfrischen Fisch, Meeresfrüchte und unglaublich günstige Langusten. ■ Antigua Carretera Enriquillo, Baoruco, Tel. 809/7519271, tgl. 8–23 Uhr

Erlebnisse

Eco-Tour Barahona Die auch deutschsprachige Agentur unter französischer Leitung arrangiert exzellente Ausflüge mit Jeep, Boot oder Pferd zu den Highlights der Region: Bahía de las Águilas, Lago Enriquillo, Laguna de Oviedo und Nebelwald von Cachote. Auch diverse Vogelexkursionen. ■ Calle Enriquillo, Malecón, Edificio 7, Planta 2 (blaues Gebäude), El Paraíso, Tel. 809/8562260, www.ecotourbarahona.com

52 Parque Nacional de Jaragua

Dornige Karstlandschaft mit fabelhaften menschenleeren Stränden

Information

■ Nationalparkeingänge an der Laguna de Oviedo (mit kleiner Ausstellung) bzw. La Cueva de los Pescadores (südl. des Cabo Rojo), Tel. 809/6017979, tgl. 8–17 Uhr, 100 RD-$

Zwischen Oviedo und Pedernales berührt die Carretera 45 den Nordrand des 1374 km² großen Nationalparks, der den gesamten Süden der Halbinsel einnimmt. Immer wieder halten

Die Laguna de Oviedo ist ein idealer Beobachtungsplatz für Flamingos

Militärposten, die Schmuggel unterbinden wollen, die wenigen Autos auf. Touristen werden aber schnell durchgewunken. Die Straße führt durch eine recht eintönige Kakteenlandschaft. Der Nationalpark selbst, der sich über Land und Wasser erstreckt, schützt jedoch ein sehr artenreiches Ökosystem: subtropischen Trockenwald, Dornenwald, Mangroven, Salzwasserlagunen, wüstenhafte Landstriche, hohe Kalksteinklippen an der Küste, blendend-weiße Sandstrände, Korallenriffe und Cayos wie die Isla Beata und die Isla Alto Velo. Neben zahlreichen Vogelarten sind gefährdete Reptilien wie Nashorn- und Hispaniola-Leguan hier heimisch, außerdem der insektenfressende Dominikanische Schlitzrüssler und große, »Jutias« genannte Baumratten. An der Küste tummeln sich von März bis November gleich vier Seeschildkrötenarten: Echte und Unechte Karettschildkröte, Lederschildkröte und Grüne Meeresschildkröte. In Höhlen wie La Colmena, El Guanal, La Poza und Mongó haben die Tainos bis zu 4500 Jahre alte Petroglyphen hinterlassen.

Sehenswert

Laguna de Oviedo

| Salzwasserlagune |

24 *Die Salzwasserlagune ist ein Paradies für Zugvögel aus Nordamerika*

Der Salzgehalt dieser 27 km² großen Lagune ist dreimal höher als der des Meeres. Hier rasten viele Zugvögel wie Kanada- und Nachtreiher, Rußseeschwalbe, Gürtelfischer und Schneesichler. Pretty in Pink zeigen sich Rosaflamingos und Rosalöffler, auch Kubapfeifgänse und Fischadler fühlen sich an der Lagune wohl. Zwischen März und Mai nisten hier Meeresschildkröten. Die beste Beobachtungsmöglichkeit bietet ein auf einem Inselchen errichteter Mirador. Die Sonnenuntergänge sind spektakulär. Im Empfangszentrum am Nationalparkeingang (Tel. 829/864 97 57, tgl. 7–16 Uhr, 100 RD-$) werden Motorbootsfahrten (4000 RD-$ für 2,5 Std., max. 5 Pers.) und geführte Wanderungen (ab 1000 RD-$) angeboten.

Bahía de las Águilas

| Bucht |

25 *Die Bucht wird oft als schönster Strand des Landes bezeichnet*

Der Puderzuckersand ist blendend weiß, das Wasser türkis und so kristallklar, dass Boote darauf zu schweben scheinen – kein Wunder, dass Besucher beim Anblick der 7 km langen, sanft geschwungenen »Bucht der Adler« ins Schwärmen geraten. Eine faszinierende Karstlandschaft rahmt diesen Karibiktraum ein. Nur Schatten gibt es nicht (Sonnenschirm mitnehmen!), doch weht meist eine angenehme Meeresbrise. Die zahlreichen Muscheln fallen unter den Artenschutz.

Um dorthin zu gelangen, zweigt man von der Carretera 44 nördlich des Cabo Rojo auf eine vom Staub einer Bauxitmine rostrot gefärbte Piste nach Süden ab. Sie führt am Hafen von Cabo Rojo und einer kleinen Landepiste für Privatflugzeuge vorbei nach La Cueva de los Pescadores. Am von Felsen gesäumten Strand des winzigen Dorfes verköstigen zwei tgl. 11–22 Uhr geöffnete Lokale die Ausflügler, bevor sie in die Boote (»lanchas«) steigen: das Rancho Típico La Cueva de las Águilas (Tel. 809/753 80 58) und

das Eco del Mar (Tel. 809/576 77 40, www.ecodelmar.com.do). Die Boote setzen ihre Passagiere an einsamen Strandabschnitten der Bahía de las Águilas ab und warten bis zur Rückkehr (2500 RD-$). Mit Allradantrieb kommt man von La Cueva auf einer rauen Piste in etwa 30 Minuten (zu Fuß 1 Std.) bis zum Hauptabschnitt des Strands, an dem sich die meisten Besucher tummeln. Wer länger bleiben möchte: Die beiden Restaurants bieten Zeltunterkünfte.

53 Pedernales

Das charmante Fischerdorf liegt direkt an der Grenze zu Haiti

In Pedernales endet die Carretera 44 etwa 310 km von Santo Domingo entfernt an der Grenze zu Haiti. Wer mag, kann von hier einen kurzen Abstecher in den nächstgelegenen haitianischen Ort Anse-à-Pitres unternehmen.
Von Pedernales führt eine raue, nur mit Allradantrieb zu bewältigende und wegen der Schmuggelaktivitäten leider nicht ganz ungefährliche Piste entlang der haitianischen Grenze über die Sierra de Bahoruco nach Duvergé zum Lago Enriquillo. Unterwegs bieten sich immer wieder großartige Ausblicke auf den Salzwassersee.

Restaurants

€ | **King Crab Café** Sehr gutes Seafood zu fairen Preisen ganz in der Nähe der Playa Pedernales. ■ Coronel Fernando Dominguez 2, Tel. 809/524 0377, tgl. 8–23 Uhr

Die »Bucht der Adler« besticht durch schneeweißen Sand und türkisblaues Wasser

Übernachten

San Cristóbal, Baní und Azua de Compostela lohnen nicht wirklich eine Übernachtung. Barahona nutzt man in erster Linie als Standquartier für Ausflüge zum Lago Enriquillo und zur Isla Cabritos. Die attraktivsten Unterkünfte – von freundlichen Boutiquehotels bis zu luxuriösen Anlagen – gibt es in den Dörfern an der Ostküste der Península Bahoruco.

Las Calderas 110

€–€€ | Hotel Salinas Gute Wahl am Strand mit Pool, Sonnenterrasse und modern dekorierten klimatisierten Zimmern, alle mit Dusche, TV und Balkon. Gute lokale Fischküche. Am Wochenende bei Einheimischen sehr beliebt. ■ Calle Principal 42, Baní, Tel. 809/866 81 41, hotel_salinas@hotmail.com

Barahona 111

€€ | Hotel Costa Larimar Resorthotel im Süden der Stadt am Malecón in Gartenlage mit Pool an einem eigenen kleinen, kinderfreundlichen Privatstrand. Helle große Zimmer mit Balkon, einige mit Meerblick. Am Wochenende viele dominikanische Familien. Auch Vollpension, allerdings eher mittelmäßige Küche. ■ Av. Enriquillo, Tel. 809/524 11 11, www.hotelcostalarimar.com

Lago Enriquillo 114

€ | Hotel Iguana Korrektes kleines Hotel mit 14 Zimmern. Ideal für alle, die am frühen Morgen mit dem Boot zur Isla Cabritos übersetzen möchten. ■ Padre Bellini 3, La Descubierta, Tel. 809/958 76 36

Península Bahoruco 116

€€ | Hotel El Quemaíto Freundliche Anlage oberhalb vom Meer mit 14 klimatisierten Zimmern, einige mit Terrasse. Pool, Kinderbecken, Sauna, Palmengarten und gutes Restaurant. Hinunter zum kleinen Badestrand sind es 5 Minuten zu Fuß. ■ Juan Estebán Km 10, Tel. 809/514 88 88, www.hotelelquemaito.com

€€–€€€ | Hotel Piratas del Caribe Charmantes kleines Boutiquehotel direkt am Malecón. Man schläft in 5 klimatisierten intimen Suiten mit Himmelbett, großem Bad und Privatbalkon. Pool im begrünten Innenhof. Man spricht Deutsch. ■ Arzobispo Nouel 1, El Paraíso, Tel. 809/243 11 40, www.hotelpiratasdelcaribe.com

€€€ | Casa Bonita Tropical Lodge Luxusresort in tropischer Gartenlandschaft hoch in den Bergen mit sehr komfortablen, elegant eingerichteten strohgedeckten Bungalows, die herrliche Ausblicke von der Privatterrasse auf das Meer bieten. Exzellente Bioküche im luftigen, romantischen Lounge-Restaurant (auch für Nichtgäste). Schöner Infinitypool und Outdoor-Spa mit Massagebett und Jacuzzi. ■ Carretera de la Costa Km 17, kurz vor La Ciénaga, Tel. 809/476 50 59, www.casabonitadr.com

ADAC Service Dominikanische Republik

Beim **ADAC Infoservice**, in den **ADAC Geschäftsstellen** sowie auf dem **Internetportal des ADAC** (adac.de) erhalten Sie Informationen zu den Dienstleistungen des Automobilclubs und zu Ihrem Reiseziel.
Rufen Sie bei Pannen und Notfällen die **ADAC Pannenhilfe** bzw. den **ADAC Ambulanzdienst** an. Unser Team steht Ihnen rund um die Uhr zur Verfügung.

ADAC Infoservice

T 0800 510 11 12
Infos zu allen ADAC Leistungen
(Mo–Sa 8–20 Uhr, gebührenfrei)

ADAC Ambulanzdienst

T 089 76 76 76
(Erkrankung, Unfall, Verletzung, Transportfragen, Todesfall)

ADAC Pannenhilfe Deutschland

T 089 20 20 4000, Mobil 22 22 22
(Verbindungskosten je nach Netzbetreiber/Provider)

ADAC Pannenhilfe Ausland

T +49 89 22 22 22
(Verbindungskosten je nach Netzbetreiber/Provider)

Internet-Serviceangebote des ADAC für Ihre Reiseplanung

Service	Webadresse
Aktuelle Verkehrslage	adac.de/verkehr
ADAC Routenplaner	adac.de/maps
Infos zu Tankstellen und Spritpreisen	adac.de/tanken
Infos zu mautpflichtigen Strecken	adac.de/maut
Infos zu Fährverbindungen	adac.de/faehren
ADAC Tourmail (aktuelle Infos vor Anreise)	adac.de/tourmail
Informationen für Camper	adac.de/camping
Informationen für Motorradfahrer	adac.de/motorrad
Informationen für Segler und Skipper	adac.de/sportschifffahrt
ADAC Reiseangebote	adacreisen.de
ADAC Autovermietung	adac.de/autovermietung
ADAC Versicherungen für den Urlaub	adac.de/versicherungen
Weltweite Preisvorteile für ADAC Mitglieder	adac.de/vorteile-international

Diese **Produkte des ADAC** könnten Sie interessieren: **ADAC Reiseführer Barcelona**, **ADAC Reiseführer Ibiza und Formentera** und **ADAC Reisemagazin Kanarische Inseln** – erhältlich im Buchhandel, bei den ADAC Geschäftsstellen und in unserem ADAC Online-Shop (adac.de/shop).

Anreise und Einreise

Flugzeug

Im Direktflug werden von den großen Flughäfen Deutschlands, Österreichs und der Schweiz vor allem Punta Cana, Puerto Plata und Santo Domingo angeflogen. Auch die Flughäfen La Romana und El Catey-Samaná werden angeflogen, allerdings oftmals mit Zwischenstopps. Lufthansaflüge sind derzeit mit Umsteigen u. a. in den USA möglich. Die Flugpreise für Hin- und Rückflug schwanken je nach Jahreszeit und Anbieter zwischen 600 und 1200 €.

Einreise und Dokumente

Deutsche, Österreicher und Schweizer benötigen einen noch mindestens sechs Monate gültigen **Reisepass**. Kinder unter 12 Jahren brauchen einen eigenen Reisepass, der ab dem 3. Lebensjahr mit einem Lichtbild versehen sein muss.
Eine gebührenpflichtige **Touristenkarte** muss bei der Ankunft in der Dominikanischen Republik für 10 US-$ (Dollarscheine bereithalten!) erworben werden. Bei Pauschalreisen ist sie oft im Reisepreis inbegriffen. Bei einem Aufenthalt ab 15 Tagen wird bei der Ausreise eine Gebühr von 800 Pesos fällig. Die Touristenkarte berechtigt zu einem Aufenthalt von bis zu 30 Tagen. Wer länger bleibt, muss bei der Ausreise am Flughafen eine Aufenthaltsgebühr bezahlen, die sich nach Zeitraum staffelt.

Auto und Straßenverkehr

Führerschein und Papiere

Mietwagenfirmen verlangen in der Regel einen internationalen Führerschein. Auch sollten Reisende genügend Fahrerfahrung mitbringen.

Straßennetz und Sicherheit

Gebührenpflichtige **Autobahnen** gleichen eher vierspurigen Schnellstraßen, die auch gekreuzt werden können. Die Autopista Duarte verbindet Santo Domingo im Süden mit Santiago de los Caballeros im Norden. Autovía del Este (bis La Romana) und Autovía El Coral (La Romana – Punta Cana – Cap Cana) verbinden Santo Domingo in gut 2 Std. (220 km) mit den Urlauberhochburgen des Ostens. Die Autovía de Samaná führt vom Flughafen Las Américas östlich von Santo Domingo in knapp 2 Std. (ca. 150 km) zum Beginn der Halbinsel Samaná (ca. 15 km westlich von Sánchez). Exzellent ausgebaut ist die nur 23 km lange Autovía del Atlántico N133, die vom Beginn der Halbinsel Samaná – vorbei am internationalen Flughafen El Catey ca. 11 km nordwestlich von Sánchez – entlang der Nordküste nach Las Terrenas führt.
Im gebirgigen Landesinneren gibt es viele **Pisten**, für die man ein geländegängiges Fahrzeug benötigt. In der Regenzeit sind viele Straßen oft unpassierbar. Mit Schlaglöchern muss man jederzeit rechnen, auch mit auf der Fahrbahn trottenden Tieren. Ein Risiko sind außerdem **Bodenschwellen**, die sog. »schlafenden Polizisten«, die meist ohne Vorankündigung vor oder innerhalb von Ortschaften angebracht sind. Sie dienen der Geschwindigkeitsreduzierung, aber auch der Durchführung von Straßenkontrollen.
Nachtfahrten sollte man tunlichst vermeiden. Bei der Zahl von Unfällen und Verkehrstoten rangiert das Land in Lateinamerika weit oben. Eine ständige Gefahrenquelle sind auch die vielen Mopeds, die Verkehrsregeln geflissentlich ignorieren und von allen Seiten überholen.

In geschlossenen Ortschaften beträgt die Höchstgeschwindigkeit 45 km/h

Verkehrsvorschriften

Höchstgeschwindigkeiten für Pkw und Motorräder (in km/h): auf Autobahnen und Schnellstraßen 100, auf Landstraßen 60 und in Ortschaften 45. Die **Promillegrenze** liegt bei 0,0. Seit 2017 werden Alkoholkontrollen mit modernen Geräten durchgeführt.

Tanken

An den Hauptverkehrsstraßen gibt es Tankstellen (»gasolinera«), die von früh morgens bis ca. 22 Uhr geöffnet haben. In kleineren Orten kommt es auch vor, dass Tankstellen am Wochenende geschlossen sind. Also immer rechtzeitig tanken!

Parken

In fast allen Städten und Dörfern gibt es (meist rund um die Altstädte) größere Parkplätze und in Santo Domingo, Santiago de los Caballeros und Puerto Plata auch Parkhäuser.

Unfall und Panne

Bei Autopannen hilft der Service MOPC (Ministerio de Obras Públicas y Comunicaciones), der auch über die Notrufnummer 911 erreichbar ist. Die weißen Pickups fahren auf Autobahnen und den wichtigsten Straßen Patrouille. Sie vermitteln Mechaniker und Abschleppdienste.

Bei einem Unfall mit Verletzten müssen in jedem Fall Polizei und Rettungskräfte über die Notrufnummer 911 kontaktiert werden. Das Fahrzeug wird von der Polizei beschlagnahmt, und die Fahrzeughalter müssen anwesend sein, bis die Sachlage geklärt ist.

Bei Blechschäden zahlt fast immer der Tourist. Die Haftpflichtversicherung deckt dabei nur eine Summe von maximal 300 € ab. Eine Vollkaskoversicherung ist daher unbedingt anzuraten. Vergessen Sie nicht, auch Ihren Autovermieter rasch über den Unfall zu informieren.

Kinder im Auto

Kinder unter zwölf Jahren oder mit einer Größe von unter 135 cm sollten nur mit Rückhalteeinrichtung befördert werden. Babyschalen bzw. Kindersitze und Sitzerhöhungen schon bei der Buchung reservieren!

Diplomatische Vertretungen

Die Auslandsvertretungen Ihres Heimatlandes helfen Ihnen, wenn Sie Dokumente verloren haben, oder vermitteln, falls es im Land zu Problemen mit Polizei und Behörden kommt.

Deutsche Botschaft Santo Domingo

■ Edificio EQUINOX, pisos 5 y 6, Av. Núñez de Cáceres No. 11 (e/ Sarasota y Rómulo Betancourt), Ensanche Bella Vista, Santo Domingo, Tel. 809/542 89 49, 809/542 89 50, www.santo-domingo.diplo.de (auch für Österreich zuständig)

Schweizer Botschaft

■ Edificio Corporativo 2010, Piso 10, Av. Gustavo Mejía Ricart 102, esq. Av. Abraham Lincoln, Piantini, Santo Domingo, Tel. 809/533 37 81, www.eda.admin.ch/santodomingo

Einkaufen und Märkte

Im Innenteil des Reiseführers finden sich zahlreiche Einkaufstipps. Den Dominikanern liegt das **Feilschen** im Blut, vor allem auf den Märkten und bei fliegenden Händlern gehört es einfach dazu. Als erstes Gegengebot kann man getrost die Hälfte des geforderten Preises ansetzen.

Feiertage

1. Januar: Neujahr, 6. Januar: Dreikönigstag, 21. Januar: Festtag der Schutzpatronin Nuestra Señora de la Altagracia, 26. Januar: Festtag zu Ehren des Staatsgründers Juan Pablo Duarte, 27. Februar: Unabhängigkeitstag, März/April: Karfreitag, 1. Mai: Tag der Arbeit, Mai/Juni: Christi Himmelfahrt, Fronleichnam, 16. August: Tag der Restauration der Republik, 24. September: Festtag der Nuestra Señora de las Mercedes, 12. Oktober: Kolumbus-Tag, 1. November: Allerheiligen, 25. Dezember: Weihnachten.

Geld und Währung

Banken öffnen in der Regel Mo–Fr 8–19, Sa 8–13 Uhr. In Städten und Ferienzentren gibt es **Wechselstuben**, die auch nachmittags und abends (Flughafen 8–24 Uhr) geöffnet sind. Der US-Dollar ist vielerorts zur zweiten Landeswährung geworden.
An vielen Geldautomaten kann man problemlos mit **Kreditkarten** (Visa, Mastercard, American Express) und der **EC-Karte** (nur Maestro) Pesos erhalten (bis 25 000 RD-$). Einige Banken zahlen auf Kreditkarte (mit Vorlage des Reisepasses) auch Pesos in bar aus.

Kosten im Urlaub
(durchschnittliches Preisniveau)

Tasse Kaffee	1,20 €
Softdrink, Cola, Mineralwasser	1,30 €
Flasche Bier (Presidente)	2,50 €
Imbiss (pastelitos, quipes)	2,50 €
Kugel Eis	1,20 €
Taxifahrt (Kurzstrecke, 10 km)	15 €
Mietwagen/Tag	ab 45 €

Festivals und Events

Januar

Nuestra Senora de Altagracia (21. Januar) – Tausende Pilger erweisen der Schutzpatronin der Dominikanischen Republik in Higüey an ihrem Festtag die Ehre.

Geburtstag des Nationalhelden Juan Pablo Duarte (26. Januar) – Paraden und Böllerschüsse erinnern an den Geburtstag des Nationalhelden Juan Pablo Duarte (1813–76), der am 27. Februar 1844 die Unabhängigkeit ausrief.

Karneval in Santo Domingo

Februar

Karneval (2. Hälfte Februar, Santo Domingo, Santiago, La Vega) – In diesen Hochburgen ebenso wie in der ganzen Republik übernehmen die fantasievollen Teufel, deren Masken von Region zu Region verschieden sind, das Zepter. Die farbenprächtigen Umzüge erreichen am Unabhängigkeitstag (27. Februar) ihren Höhepunkt.

März/April

Karneval (Karwoche, Cabral) – Im Südwesten der Insel wird in dieser Zeit der Karneval gefeiert. Als Teufel verkleidete Ortsansässige, hier »cachuas« genannt, treiben Schabernack mit Einheimischen und Fremden. Landesweit finden festliche Prozessionen anlässlich der Semana Santa (Karwoche) statt.

Juli/August

Merengue-Festival (Ende Juli/Anfang August, Santo Domingo) – Das größte Musikfestival ist neben dem Karneval das Ereignis des Jahres. Arena ist die Plaza Juan Baron Fajardo am Malecón. Zahlreiche beliebte Musikgruppen heizen den Massen ein, dazu finden Ausstellungen jeglicher Art statt, es gibt Wettbewerbe u. a. im Cocktailmixen, auch für das leibliche Wohl – und jede Menge Bier und Rum – ist gesorgt.

September

Nuestra Señora de las Mercedes (24. September, Santo Cerro bei La Vega) – Die Marienwallfahrt in Santo Cerro ist nach der in Higüey die zweitwichtigste des Landes.

Oktober

Kolumbustag (12. Oktober) – Mit vielen Festakten wird der Entdeckung Amerikas durch Christoph Kolumbus gedacht.

Dezember

Weihnachten (25. Dezember) – Am Heiligen Abend geht man lediglich zur Mitternachtsmesse, gefeiert wird am 25. Dezember. Die Weihnachtsgeschenke gibt es erst am 6. Januar, dem Tag der Heiligen Drei Könige.

Die Währung der Dominikanischen Republik ist der **Dominikanische Peso** (RD-$), der 100 **Centavos** entspricht. Es gibt Banknoten im Wert von 50, 100, 200, 500, 1000 und 2000 Pesos. Münzen spielen fast keine Rolle mehr. Die Ausfuhr von Devisen ist auf 10 000 US-$ beschränkt, die Landeswährung darf nicht ausgeführt werden.

Gesundheit

Apotheken

Apotheken (»farmacia«) ähneln Drogerien, führen aber alle gängigen Medikamente. Rezepte werden meist keine verlangt. Spezialmedikamente sollten jedoch von zu Hause mitgebracht werden.

Ärzte und Krankenhäuser

Der Abschluss einer privaten **Auslandsreisekranken- und Rückholversicherung** mit uneingeschränkter Kostenübernahme ist dringend zu empfehlen. Die Behandlung erfolgt gegen Barzahlung, die Rechnung kann zu Hause bei der Versicherung eingereicht werden.

Impfungen sind nicht vorgeschrieben. Empfohlen wird eine Auffrischung des Standardimpfschutzes gegen Tetanus und Diphtherie, zudem Impfungen gegen Hepatitis A und bei einem längeren Aufenthalt auch gegen Typhus und Hepatitis B. Malariaprophylaxe wird für den Südwesten empfohlen. In den übrigen Gebieten genügt konsequente Mückenprophylaxe. Es besteht ein erhöhtes HIV-Risiko. Leitungswasser ist als Trinkwasser nicht geeignet.

In den großen Hotels gibt es eine **Ambulanz**, und meist ist ein deutsch oder englisch sprechender Arzt (»médico«) anwesend. In jedem größeren Ort gibt es eine Ambulanz (»ambulatorio«, »policlínica«) mit Krankenwagen (»ambulancia«). In den Städten gibt es **öffentliche Krankenhäuser** (»hospital«) und private Kliniken (»clínica«), Letztere sind vorzuziehen.

Wählen Sie in medizinischen Notfällen die **Notrufnummer 911.**

Information

Die Touristeninformationen vor Ort sind meist wenig hilfreich. In der Regel erteilen die Hotels bessere Auskünfte. Allgemeine Informationen erhält man im Büro der **Oficina de Turismo**, Palacio Borgellá, Calle Isabell la Católica 103, Santo Domingo, Tel. 809/686 38 68 oder im Internet unter www.godominicanrepublic.com und www.domrep-magazin.de.

Fremdenverkehrsamt der Dominikanischen Republik

■ Hochstr. 54, 60313 Frankfurt, Tel. 069/ 91 39 78 78, www.godominicanrepublic.com (auch für Österreich und die Schweiz zuständig)

Klima und beste Reisezeit

Auf der karibischen Insel am Rande der Tropen herrscht dank der Luftfeuchtigkeit von 70–90 % ein feuchtwarmes Klima. Die Temperaturen liegen an den Küsten das ganze Jahr über zwischen 27 und 32 °C. Im gebirgigen Landesinneren werden im Januar, dem kältesten Monat, vor allem nachts Temperaturen um den Gefrierpunkt gemessen.

Meiden sollte man die Monate September bis November, da in dieser Zeit tropische Wirbelstürme auftreten können. Die Regenzeit mit meist kurzen heftigen Schauern dauert von Mai bis

August, die Trockenzeit setzt im Winter ein. Zu den beliebtesten Reisezeiten zählen die Wintermonate: Wer das Land um Weihnachten oder zur Karnevalszeit besuchen möchte, sollte rechtzeitig buchen.

Klimatabelle Santo Domingo

Monat	Luft (°C) min/max	Wasser °C	Sonne (h/Tag)	Regentage
Jan.	20/28	27	8	7
Feb.	19/28	26	9	6
März	20/29	26	9	5
April	21/29	27	9	7
Mai	22/30	27	8	3
Juni	23/30	27	8	10
Juli	23/31	28	8	11
Aug.	23/31	28	9	10
Sept.	23/31	28	9	10
Okt.	22/30	27	8	12
Nov.	21/30	27	7	10
Dez.	20/29	27	7	8

Nachtleben

Noch im kleinsten Dorf ist ein Raum oder eine Hütte als Tanzsaal ausgewiesen. Hier trifft man sich, trinkt und tanzt. Aber wenn nicht gerade Karneval ist, gehen die Dominikaner früh schlafen. Sogar in Santo Domingo und Santiago ist das nicht viel anders, obwohl hier recht viele Bars und Diskotheken zum Ausgehen anregen.
Eine Ausnahme von der landesweiten Praxis bilden lediglich die großen Touristenzentren wie Boca Chica, Sosúa und Punta Cana, wo zahlreiche Diskotheken und Lokale bis tief in die Nacht hinein für Unterhaltung sorgen.

Notfall

Unter der gebührenfreien **Notrufnummer 911** erhalten Sie Hilfe von der Polizei, der Feuerwehr, einem Rettungswagen oder Notarzt. ADAC Mitglieder können sich auch rund um die Uhr an den **Auslandsnotruf des ADAC** unter Tel. +49/89/22 22 22 wenden. Bei Bedarf werden Dolmetscher vermittelt.

Öffnungszeiten

Souvenirläden und kleine Gemischtwarenläden (»colmados«) haben meist Mo–Sa 9–19 Uhr geöffnet, viele auch So und an Feiertagen. Große Shoppingcenter (Malls): Mo–Sa 9–21 Uhr, Supermärkte: Mo–Sa 8–22, So 8–15 Uhr, Museen: meist Di–So 9–17 Uhr.

Post

Die Postämter (»oficinas de corre«) sind meist Mo–Fr 7.30/8–18 sowie Sa 7.30–12/13 Uhr geöffnet. Briefmarken (»sellos«) erhält man auch in »enstancos«, den Tabakgeschäften. Briefmarken für Postkarten kosten 50 RD-$, ein Brief kostet ab 105 RD-$.

Rauchen und Alkohol

In öffentlichen Gebäuden wie Flughäfen darf nicht geraucht werden. Das Rauchverbot in Restaurants, Bars und Diskotheken wird selektiv durchgesetzt, ebenso an öffentlichen Stränden. Alkohol darf nicht an Minderjährige unter 18 Jahren ausgeschenkt werden.

Sicherheit

Die Dominikanische Republik gilt als recht sicheres Reiseland. Es ist jedoch

Auch Hüte sind beliebte Mitbringsel aus der Dominikanischen Republik

ratsam, auf seine Habseligkeiten zu achten, Wertsachen im Hotelsafe aufzubewahren und Kopien seiner Papiere mit sich zu führen. Schlecht beleuchtete Straßen und Slums sollte man meiden. Mit Taschendieben muss man besonders auf Busbahnhöfen, in Markthallen, auf Wochenmärkten, in Bars oder Diskotheken sowie auf gut besuchten Plätzen und Boulevards rechnen.

Wählen Sie im Ernstfall den Polizeinotruf 911. Der Diebstahl von Pass oder Ausweis muss immer angezeigt werden. Nur mit Polizeiprotokoll kann man Ersatzdokumente beantragen. Bei Verlust Ihrer Scheck- oder Kreditkarte sollten Sie diese umgehend sperren.

Sperrnotruf für EC- und Kreditkarten:

- Tel. +49/11 61 16
- Mobil-Kurzwahl: 11 61 16
- www.sperrnotruf.de

Für die Sperre benötigen Sie Ihre Kontonummer und Bankleitzahl bzw. IBAN.

Souvenirs

Zu den begehrten konsumierbaren Mitbringseln zählen **Rum**, das beliebteste Getränk auf der Insel, und die hochwertigen, handgedrehten **Zigarren**.

Auf den Märkten wird ein reiches Sortiment an **Korb- und Lederwaren**, **Holzschnitzereien** und **Keramiken** angeboten. Typisch sind die tönernen gesichtslosen **Lime-Puppen** (»muñecas sin rostro«) in kreolischen Gewändern. Überall trifft man auch auf die farbenfrohen naiven **Malereien**, die Szenen aus dem Alltagsleben aufgreifen.

Zu den beliebtesten Souvenirs zählen die Schmuckstücke aus **Bernstein**. Originell als Andenken sind Preziosen aus **Larimar**, einem hellblauen Halbedelstein, der nur auf Hispaniola vorkommt.

Verzichten sollte man auf den Kauf von Korallen, Schildpatt und präparierten Seesternen. Handel und Ausfuhr dieser

Waren sind laut Washingtoner Artenschutzgesetz verboten. Ferner ist es strengstens untersagt, rohen Bernstein oder Larimar auszuführen.

Sport

Golf

Zu den schönsten Golfplätzen der Karibik zählen Dientes de Perro und Los Links (je 18 Loch), die zu der exklusiven Hotelanlage Casa de Campo bei La Romana gehören. Ebenfalls zu empfehlen sind die Golfplätze Bávaro Golf Club (18 Loch) in Punta Cana, der Country Club (18 Loch) in Santo Domingo sowie die beiden Golfclubs von Playa Dorada und Playa Grande (je 18 Loch) in Puerto Plata.

Weitere **Informationen** für Golfer erteilt die **Federación Dominicana de Golf**, Calle Eugenio Deschamps 12, La Castellana, Santo Domingo, Tel. 809/338 10 04, www.fedogolf.org.do.

Reiten

Reiter finden in der Hotelanlage Casa de Campo bei La Romana eine große Auswahl an Reit- und Polopferden. Viele Ausflüge hoch zu Ross bietet auch das Punta Cana Beach Resort an. Herrliche Strandausritte werden außerdem in Las Terrenas organisiert. Im gebirgigen Landesinneren kann man von Jarabacoa Ausritte in die Cordillera Central unternehmen, etwa vom Rancho Baiguate aus.

Schwimmen

Über 500 km herrlicher Strände säumen die Dominikanische Republik. Die Wassertemperaturen schwanken das ganze Jahr zwischen 26 °C und 31 °C und lassen Sonnenanbeter und Wasserratten gleichermaßen frohlocken. Das **Karibische Meer** an der Südostküste und im Osten ist ruhiger als der **Atlantik** im Norden, an dessen Küsten gefährliche Strömungen auftreten können.

Surfen/Kitesurfen/Stand-up-Paddeln

Das Dorado für Surfer und Windsurfer ist Cabarete an der Nordküste. Etliche Surfschulen stehen Anfängern mit Rat und Tat zur Seite. Das Equipment kann man sich auch gleich vor Ort ausleihen. Immer beliebter werden auch Kitesurfen und Stand-up-Paddeln.

Tauchen und Schnorcheln

Die den Küsten vorgelagerten Korallenriffe bilden eine faszinierende Unterwasserwelt. Taucher und Schnorchler sind begeistert von den farbenprächtigen Korallen, vielfältigen Schwämmen, leuchtenden Seesternen und dem Artenreichtum der Fische. Die besten Tauchreviere liegen im ruhigeren Karibischen Meer. Viele Ferienanlagen bieten auch Tauch- und Schnorchelkurse an.

Wandern

In den Nationalparks der Cordillera Central gibt es herrliche Wandermöglichkeiten. Etwas für Könner ist die Besteigung des 3098 m hohen Pico Duarte, die zwischen zwei und vier Tagen in Anspruch nimmt.

Strom und Steckdose

Die Netzspannung beträgt 110 Volt bei 60 Hertz. Steckdosen passen für flache Stecker, entsprechende Adapter sollte man mitnehmen.

Stromausfälle sind an der Tagesordnung. Die großen Hotels besitzen je-

Die Strände der Dominikanischen Republik sind ideale Reviere für Wassersportler

doch eigene Notstromaggregate und können Ausfälle überbrücken.

Sprache

In der Dominikanischen Republik wird Spanisch gesprochen. Haitianer sprechen ein kreolisches Französisch.

Telefon und Internet

Bei den **Telefongesellschaften Altice** (www.altice.com.do) und **Claro** (www.claro.com.do) kann man ins In- und Ausland telefonieren sowie online gehen. Die dominikanischen Telefonnummern sind zehnstellig und beginnen mit 809, 829 und 849 (immer mitwählen). Die Benutzung handelsüblicher Handys und Smartphones ist problemlos möglich. Nur im Gebirge und im Landesinneren kann die Netzqualität einbrechen. Roaming ist sehr teuer, sodass man sich am besten eine SIM-Karte von Altice oder Claro kauft. Damit telefoniert man kostengünstig auch nach Europa. In den Telefonshops kann man auch das Guthaben aufladen lassen (50–200 RD-$).

Anschlüsse in der Dominikanischen Republik sind über die **Ländervorwahl** 001 zu erreichen. Für Gespräche nach Deutschland wählt man die Länderkennung 01149, nach Österreich 01143 und in die Schweiz 01141.

Die meisten Hotels bieten ihren Gästen Zugang zu einem drahtlosen **WLAN-Netz**. Fürs Surfen zahlt man in **Internet-Shops** ca. 1 RD-$ pro Minute. In den meisten Tourismuszentren gibt es an Hauptplätzen, Stränden und in Restaurants kostenfreie **Hotspots**. Wer viel ins Netz gehen möchte, besorgt sich am besten eine SIM-Card (100 RD-$) mit einer **Flatrate** (50 RD-$/Tag, 200 RD-$/Woche).

Manche Hotels und Resorts verfügen über einen eigenen Golfplatz

Umgangsformen

In vielen Restaurants werden Tische von den Kellnern zugewiesen. Beim **Bezahlen** ist es unüblich, die Rechnung aufzuteilen. Gruppen sollten also zusammenlegen.

In der Dominikanischen Republik werden für alle Dienstleistungen gerne **Trinkgelder** (»propinas«) angenommen. In den Restaurants ist es üblich, eine Anerkennung in Höhe von 10 % des Rechnungsbetrags zu geben, wenn man zufrieden war. Über ein Trinkgeld freuen sich auch Gepäckträger, Zimmermädchen, Taxifahrer etc.

Unterkunft und Hotels

Hoteltipps finden sich am Ende jedes Kapitels in diesem Reiseführer. Breit gefächert ist das Angebot von **All-Inclusive-Ferienanlagen** in den großen Touristenzentren. Hier sind neben der Unterkunft auch diverse andere Leistungen wie Essen, Getränke und Sportmöglichkeiten im Preis inbegriffen.

Studios mit mehreren Schlafzimmern bieten **Apart-Hotels** an. Sie sind auf Selbstversorger ausgerichtet und bieten meist auch Kochmöglichkeiten. **Cabanas** sind kleinere Hütten oder Häuschen, die häufig privat vermietet werden. Die Ausstattung ist in der Regel sehr einfach, viele sind aber mit eigenem Bad versehen.

Der **Hotelstandard** in der Dominikanischen Republik ist nicht einheitlich klassifiziert. Das breiteste Angebot bietet die Hauptstadt Santo Domingo. Vom absoluten Luxushotel bis zu einfachen Unterkünften ist hier alles vertreten. In kleineren Städten und ländlichen Regionen ist der Standard relativ niedrig anzusetzen. Vor allem in kleineren Hotels und Pensionen sollte man fragen, ob ein Notstromaggregat (»planta«) vorhanden ist.

Die **Hauptreisezeit der Dominikaner** ist die Karwoche. In dieser Zeit sollten Unterkünfte rechtzeitig vorbestellt werden.

Verkehrsmittel im Land

Bus

Die fahrplanmäßig und pünktlich verkehrenden großen modernen Überlandbusse oder Expressbusse sind komfortabel ausgestattet, stets mit eisig eingestellter Klimaanlage, oft mit WC, TV und WLAN. Es empfiehlt sich, insbesondere an Wochenenden, zwei oder drei Tage vor Reiseantritt ein Ticket in der Busstation der Gesellschaft zu reservieren.

- Caribe Tours, Tel. 809/2214422, www.caribetours.com.do
- Metro Tours, Tel. 809/2270101, www.metroserviciosturisticos.com

Mietwagen

An den Flughäfen und in allen größeren Hotels bieten verschiedene, auch internationale Firmen Leihwagen mit Klimaanlage an (ab ca. 45 US-$). Jeeps/Geländewagen sind teurer (ab 70 US-$). Man benötigt einen internationalen Führerschein sowie eine Kreditkarte, um die Kaution zu bezahlen. Das Mindestalter liegt bei 25 Jahren. Motorräder werden ebenfalls vermietet. Viele Vermieter versichern das Motorrad aber nicht, und das Unfallrisiko ist sehr hoch.

Motoconcho

Keineswegs ungefährlich, aber ein typisches Fortbewegungsmittel im Land sind die »motoconchos« genannten privaten Motorrad-Taxis. Bis zu vier Fahrgäste nehmen auf einer umgebauten Rückbank Platz. Sowohl in den Städten als auch auf dem Land warten mitunter ganze Scharen von Motorradpiloten auf Kundschaft. Schutzhelme sind hier so gut wie unbekannt. Der Preis für eine Fahrt innerhalb des Ortes beträgt tagsüber rund 50 RD-$ und nachts 80 RD-$.

Público und Guagua

Die »públicos« genannten Sammeltaxis fahren in großen Städten auf festen Routen. Auch die mehr oder weniger klapprigen Minibusse, die »guaguas«, haben feste Routen und bieten eine gute Gelegenheit, Land und Leute hautnah kennenzulernen. Sogar längere Strecken kann man auf diese Weise zurücklegen: An Umsteigepunkten wird einem gezeigt, wo der nächste Guagua in die gewünschte Richtung fährt. Es empfiehlt sich, Kleingeld (RD-$) bereitzuhalten. Guaguas verkehren am Abend nicht mehr nach Einbruch der Dunkelheit.

Fahrpläne findet man unter: www.horariodebuses.com/EN/do.

Taxi

Vor der Taxifahrt sollte man unbedingt den Preis aushandeln, da die Taxis nicht mit einem Taxameter ausgestattet sind. Der Zustand der Fahrzeuge variiert von uralten Kisten bis zu Luxusschlitten für Touristen. An den Flughäfen hängen Tafeln mit offiziellen Fahrpreisen aus, an denen sich Besucher orientieren können.

Zeitverschiebung

Der Zeitunterschied von Deutschland, Österreich und der Schweiz zur Dominikanischen Republik beträgt während unserer Sommerzeit 6 Std. und im Winter 5 Std. hinter unserer Zeit.

Zollbestimmungen

Ein- und Ausfuhr der Landeswährung ist verboten, die Mitnahme von Fremdwährung ist deklarationspflichtig. Auch die Einfuhr von Lebensmitteln ist nicht erlaubt. Bei der Rückkehr dürfen Waren im Wert von höchstens 430 € bzw. 300 CHF zollfrei eingeführt werden.

Reisebedarf für den persönlichen Gebrauch darf abgabenfrei eingeführt werden. Richtmengen für den Privatreisenden (über 16 Jahre) sind: 200 Zigaretten oder 50 Zigarren, 1 Liter Alkohol und Artikel im Wert von 430 € bzw. 300 CHF.

Die Geschichte der Dominikanischen Republik

Ca. 2500 v. Chr. Einwanderung der Ciboney über Mexiko und Kuba.

Ca. 1000 n. Chr. Taino vom südamerikanischen Stamm der Arawak besiedeln die Insel Hispaniola, die sie »Quisqueya« (»wunderbares Land«) nennen.

6. Dez. 1492 Christoph Kolumbus erreicht die Insel und benennt sie »La Isla Española«.

1496 entsteht an der Südküste am Ostufer des Río Ozama der Ort La Nueva Isabela. 1502 zerstört ein Hurrikan die Siedlung. Am Westufer wird Santo Domingo gegründet.

ab 1509 Santo Domingo erlebt unter Kolumbus' Sohn Diego Colón eine Blütezeit.

1586 Der englische Freibeuter Sir Francis Drake plündert Santo Domingo.

1697 Spanien tritt im Vertrag von Rijswijk den Westteil der Insel an die Franzosen ab. Die französische Kolonie Saint Domingue erlebt durch das florierende Zuckergeschäft einen Aufschwung.

1804 Jean J. Dessalines ruft die Unabhängigkeit von Saint Domingue aus; die erste Republik von Schwarzen in Amerika nennt sich »Haiti«.

1822 Der haitianische Präsident J. P. Boyer besetzt den Osten der Insel.

1838 Juan Pablo Duarte gründet mit Ramón Mella und Francisco del Rosario Sánchez den Geheimbund »La Trinitaria«, der für die Unabhängigkeit kämpft.

1844 Die Trinitaria-Anhänger besetzen am 27. Februar die Festung von Santo Domingo. Dieser Tag wird als der Gründungstag der Dominikanischen Republik gefeiert.

1882 Ulises Heureaux wird Präsident und sorgt durch Dollaranleihen für einen wirtschaftlichen Aufschwung.

1916–1924 Amerikanische Truppen besetzen das Land. Die USA fördern zwar den Ausbau von Bildungswesen und Infrastruktur, sichern sich aber große Anteile an den Rohstoff- und Zolleinnahmen.

1930–1961 Rafael Leónidas Trujillo y Molina wird Präsident. Folter und die Beseitigung politischer Gegner sind an der Tagesordnung. Am 30. Mai 1961 wird Trujillo ermordet.

1962 Der Führer des Partido Revolucionario Dominicano (PRD) Juan Bosch wird Präsident. Nach 7 Monaten zwingt ein Militärputsch Bosch zur Aufgabe.

1966 Präsident Joaquín Balaguer (PRD) setzt auf ausländische Investoren; außenpolitisch lehnt er sich an die USA an. Er wird 1986, 1990 und 1994 wiedergewählt.

1992 500-Jahrfeier der Landung von Kolumbus.

2004 Eine Verschlechterung der Lebensverhältnisse unter Hipolito Mejia (PRD) führen zum Wahlsieg der PLD (Partido de la Liberación Dominicana). Leonel Fernández wird Präsident (Wiederwahl 2008).

2010 Am 12. Jan. erschüttert ein verheerendes Erdbeben der Stärke 7,0 mit über 200 000 Toten Haiti.

2012 Danilo Medina Sánchez (PLD) gewinnt die Präsidentschaftswahlen (Wiederwahl 2016).

2018 Das Wirtschaftswachstum verzeichnet einen Spitzenwert von 7 %, für 2020 wird es auf 3 % geschätzt.

Spanisch für die Reise

Das Wichtigste in Kürze

Ja/Nein	*sí/no*
Bitte/Danke	*por favor/gracias*
Hallo!/Auf Wiedersehen!	*¡Hola!/¡Adiós!*
Guten Morgen!	*¡Buenos días!*
Guten Abend!/ Gute Nacht!	*¡Buenas tardes!/ ¡Buenas noches!*
Mein Name ist …	*Me llamo …*
Entschuldigung!	*¡Perdón!*
Achtung!/Vorsicht!	*¡Atención!/¡Cuidado!*
Passt so!/Okay!	*¡Vale!*
Ich verstehe Sie nicht.	*No les entiendo.*
Wie viel kostet das?	*¿Cuánto cuesta?*
Damen/Herren	*Señoras/Señores*
geöffnet/geschlossen	*abierto/cerrado*
gestern/heute/ morgen	*ayer/hoy/ mañana*
Wie viel Uhr ist es?	*¿Qué hora es?*
Wo ist …?	*¿Dónde está …?*
Wie weit ist das?	*¿A qué distancia está?*
Ist das der Weg nach …?	*¿Es éste el camino a …?*
Nord/Süd/West/Ost	*norte/sur/oeste/este*
Ich möchte …	*Quisiera …*
Die Rechnung, bitte!	*¡La cuenta, por favor!*
Restaurant	*restaurante*
Auto	*carro*
Tankstelle	*bomba*
Super/Normal/ Diesel	*gasolina especial/ regular gasóleo/gasoil*
Panne	*avería*
Hilfe!	*¡Ayuda!/¡Socorro!*
Fahrrad	*bicicleta*
Minibus	*guagua*
Motorradtaxi	*motoconcho*
Busstation	*estación de autobús*
Flughafen	*aeropuerto*
Pass	*pasaporte*
Bank/Geldautomat	*banco/cajero automático*
Arzt	*médico*
Apotheke	*farmacia*
Supermarkt	*supermercado*
Gemischtwarenladen	*colmado*
Tourismusbüro	*oficina de turismo*

Wochentage

Montag/Dienstag	*lunes/martes*
Mittwoch	*miércoles*
Donnerstag	*jueves*
Freitag/Samstag	*viernes/sábado*
Sonntag	*domingo*

Monate

Januar/Februar	*enero/febrero*
März/April	*marzo/abril*
Mai/Juni	*mayo/junio*
Juli/August	*julio/agosto*
September/Oktober	*septiembre/octubre*
November	*noviembre*
Dezember	*diciembre*

Zahlen

1	*uno*	8	*ocho*
2	*dos*	9	*nueve*
3	*tres*	10	*diez*
4	*cuatro*	11	*once*
5	*cinco*	12	*doce*
6	*seis*	100	*cien, ciento*
7	*siete*	1000	*mil*

Hinweise zur Aussprache

c	vor ›a, o, u‹ wie ›k‹, Bsp.: casa, caja
c	vor ›e‹ und ›i‹ ähnlich dem englischen ›th‹, Bsp.: gracias
ch	wie ›tsch‹, Bsp.: leche
g	vor ›e‹ und ›i‹ wie ›ch‹, Bsp.: gente
gue, gui	wie ›ge, gi‹, also mit stummem ›u‹, Bsp.: guitarra, guiso
h	ist immer stumm, Bsp.: hombre
j	wie ›ch‹, Bsp.: jamón
ll	wie ›j‹, Bsp.: tortilla
ñ	wie ›nj‹, Bsp.: niño

Alle Blickpunkt-Themen in diesem Band:

Register

Bildnachweis

Titel: Der hübsche Fischerort Mano Juan auf der Isla Saona
Foto: **mauritius images** (John Warburton-Lee)
Rücktitel: links: **Shutterstock** (saaton); rechts: **HUBER IMAGES** (Susanne Kremer)

AWL Images Ltd: Marco Bottigelli vordere Umschlagklappe außen, oben – **Bachata Rosa** 11.3 – **Getty Images:** The Image Bank RF/Kevin Schafer 10.2; AFP/ERIKA SANTELICES 12.1; Massimo Borchi/Atlantide Phototravel 17.1; Maremagnum 36; DANIEL SLIM 56; Corbis/Stuart Westmorland 87 – **HUBER IMAGES:** Susanne Kremer 4/5, 6, 75.1, 92/93; Massimo Borchi 17.2; Hans-Peter Huber 49, 134; Antonino Bartuccio 67 – **imago:** imagebroker 11.1; stock&people 11.2; alimdi 32/33; imagebroker 144.2 – **laif:** Martin/Le Figaro Magazine 8/9, 27, 28, 41; Christian Kober/robertharding 26; Clemens Zahn 73; Richard Soberka/Hemis.fr 100/101; Thomas Linkel 113, 116/117, 119; Franck Guiziou/hemis.fr 115, 120/121; Toma Babovic 128 – **mauritius images:** Uta und Horst Kolley 14/15; Hackenberg-Photo-Cologne/Alamy 34, 108/109; dbimages/Alamy 38; Don Mammoser/Alamy 44/45; ClickAlps 53; age fotostock 61; Manfred Mehlig 76/77; Rainer Hackenberg 81, 126; Timm Humpfer Image Art 103; Reinhard Dirscherl/Alamy 112; MARKA / Alamy 144.1 – **Playa Grande Beach Club** 89 – **Shutterstock:** Solarisys 2; Daniel-Alvarez 5.2; Kristin Sohr 6.2; Valentin Valkov 9; saaton 10.1; GiuseppeCrimeni 18/19; David Antonio Lopez Moya 22; Mariusz Switulski 23, 54; Rafal Cichawa 24; Maciej Czekajewski 25; gg-foto 31; Mario De Moya F 37; Evannovostro 43; saaton 46; samewll 51; Rafael Martin-Gaitero 59; Stefano Ember 63.1; Don Mammoser 68; EMS-DOP 70; Klemen K. Misic 72; Sandra Foyt 78; G-Valeriy 79; Alewtincka 95; Roldys Jorge 99; Jakob Fischer 102; Lester Balajadia 131; Leonard Zhukovsky 133 – **Villa Pajón Eco-Lodge** 105

Umwelthinweis
Dieses Buch ist auf PEFC-zertifiziertem Papier aus nachhaltiger Waldwirtschaft gedruckt.

PEFC/32-31-076

Zum Zeitpunkt der Drucklegung waren die Auswirkungen von Covid-19 auf das Hotel- und Gastgewerbe vor Ort noch nicht vollständig abzusehen. Bitte informieren Sie sich über die jeweiligen Internetadressen.

Herausgeber: GRÄFE UND UNZER VERLAG GmbH, Postfach 86 03 66, 81630 München
Leitender Redakteur: Benjamin Happel
Autor: Wolfgang Rössig
Verlagsredaktion: Nadia Terbrack (verantw.), Gernot Schnedlitz, Silke Tauscher
Redaktion: Angelika Holdau
Satz: Mediendesign Anne Tegler, Berlin
Bildredaktion: Dr. Nafsika Mylona
Schlusskorrektur: Ulla Thomsen
Reihengestaltung: Independent Medien Design, Horst Moser, München; Eva Stadler
Kartografie: Huber Kartographie GmbH, www.kartographie.de
Herstellung: Mendy Willerich
Druck und Bindung: Drukarnia Dimograf Sp z o.o. (Polen)

Ansprechpartner für den Anzeigenverkauf:
KV Kommunalverlag GmbH & Co. KG, MediaCenter München,
Tel. 089/928 09 60

Bei Interesse an maßgeschneiderten B2B-Produkten:
roswitha.riedel@graefe-und-unzer.de

GRÄFE UND UNZER

Ein Unternehmen der
GANSKE VERLAGSGRUPPE

ISBN 978-3-95689-727-6
1. Auflage 2021

LESERSERVICE
adac@graefe-und-unzer.de
Tel. 00800/72 37 33 33 (gebührenfrei in D, A, CH)
Mo–Do: 9–17 Uhr, Fr: 9–16 Uhr

Aus Gründen der besseren Lesbarkeit wird in diesem Buch bei Personenbezeichnungen das generische Maskulinum verwendet. Es gilt gleichermaßen für alle Geschlechter.

Unterwegs in der Dominikanischen Republik

Boot
Die amphibische Karstlandschaft aus Inselchen und Höhlen des Parque Nacional de los Haitises ist nur mit dem Boot zu erkunden. Sehr reizvoll sind auch die Überfahrten von Bayahibe zur Isla Saona sowie Bootsausflüge auf der Laguna de Oviedo und in der türkisblauen Bahia de las Aguilas im Südwesten des Landes.

Jeep
Quer durch das dominikanische Bergland führen Pisten, auf denen jeder Pkw kapituliert. Nur mit einem geländegängigen Fahrzeug kann man die herbe Landschaft der Reserva Científica Valle Nuevo erkunden oder von Pedernales durch eine wilde Landschaft an der Grenze zu Haiti entlang über die Sierra de Bahoruco zum Lago Enriquillo fahren.

Guagua
Die VW-Bus-ähnlichen Minibusse sind eigentlich rollende Diskotheken, denn der Fahrer spielt garantiert die neuesten Merengue- und Bachata-Hits. Abenteuerlustige können mit Guaguas, die auf festen Routen verkehren, das ganze Land bereisen – und das zu Spottpreisen. Wer erst mal testen möchte, wählt die kurzen Strecken von Puerto Plata nach Sosúa oder von Santo Domingo nach Boca Chica und zahlt für die Fahrt nicht mehr als umgerechnet anderthalb Euro.

Auf Panoramastraßen
Zu den schönsten Autofahrten zählt die an der Ostküste der Peninsula Bahoruco entlangführende Panoramastraße. Traumhafte Ausblicke auf die Atlantikküste bietet die Fahrt von Cabarete nach Las Terrenas, und auch auf der Carretera Turística Gregorio Luperón, die von Santiago über die Cordillera Septentrional nach Puerto Plata führt, sind grandiose Ausblicke garantiert.